Johann Heyss

Einweihung in die Numerologie

Wie Zahlen unser Leben beeinflussen
Eine klare und tiefgründige Einführung

WINDPFERD

Titel der Originalausgabe: *Iniciação À Numerologia*
Published by arrangement with Distribuidora Record de Serviços
de Imprensa S.A., Rio de Janeiro, Brazil
Aus dem Amerikanischen übertragen von Martin Rometsch

1. Auflage 2003

Umschlaggestaltung: Peter Krafft Designagentur, Bad Krozingen
Lektorat: Ira Vieth
Gesamtherstellung: Schneelöwe, Aitrang
ISBN 3-89385-417-7

Printed in Germany

Für alle,
die mir bei der Erforschung der Zahlen und der Magie
geholfen haben.

Inhaltsverzeichnis

Abbildungen

Tabellen

Anmerkung des Autors

Meiner Meinung nach ist das Schicksal nicht vollständig vorhersehbar. Ein Name ist weder gut noch schlecht, und Sie werden nicht erfolgreicher, wenn Sie Ihren Namen ändern. Ich bin Skeptiker, und darum ist dieses Buch das Ergebnis elfjähriger Forschungen. Die Numerologie, die ich vorstelle, ist sehr objektiv, aber subtil. Man kann sie täglich anwenden, nicht als Theorie, sondern als praktische Methode, die größere Zusammenhänge verständlicher macht.

Johann Heyss
New York City

Teil 0

Über die Zahlen

Über die Zahlen

Wie beim Tarot beginnen wir unser Studium mit der Null – und darum auch mit dem „Teil 0". Wer Zahlen deuten will, muss sie mit neuen Augen betrachten, und zwar nicht rein mathematisch, obwohl alle Aussagen über den Charakter der Zahlen auf der Mathematik gründen. In diesem Buch stelle ich Ihnen verschiedene Nuancen der Zahlensymbolik vor. Im ersten Teil geht es um die Grundzahlen 0 bis 9 sowie um die Meisterzahlen 11 und 22.

Die folgende Liste ist eine Einführung in die Grundzahlen. Sie hilft Ihnen, die zusammengesetzten Zahlen zu verstehen.

0 ___ Das Nichts, Leere, das Okkulte, das Verborgene, die vorherige Existenz, Abwesenheit, Abstraktheit

1 ___ Männlichkeit, Existenz, Affirmation, Macht, Stärke, Aktivität, Klarheit, Unabhängigkeit, Bewegung

2 ___ Weiblichkeit, Fortdauer, Zartheit, Intuition, Subjektivität, Dunkelheit, Abhängigkeit, Stille

3 ___ Kind, Verkörperung, Kreativität, Ausdruck, Kommunikation, Gewandtheit, Farben, glücklich sein, Unbeständigkeit

4 ___ Arbeit, Konkretisierung, Beständigkeit, Hingabe, Routine, Geduld, Ehrlichkeit, Begrenztheit, Disziplin

5 ___ Wandel, Transformation, Reisen, Sexualität, Oberflächlichkeit, Neugier, der Rebell, Abenteuerlust

6 ___ Familie, Vermehrung, Heimatort, Liebe, Zuneigung, Gleichförmigkeit, Akzeptanz, Frieden, schöpferische Begabung

7 ___ Innenschau, Meditation, Abgeschiedenheit, Intellekt, Studium, Philosophie, Einsamkeit, Weisheit

8 ___ Materialismus, Verbesserung, Gerechtigkeit, Pragmatismus, Vernunft, Ehrgeiz, Establishment, Gesellschaft

9 ___ Gemeinschaft, Durchbruch, Bruch, Fortschritt, der Erdball, Angst, Hast, Botschaft, Energie, Verwirrung, gute Tat, Wille

11 __ Bilderstürmerei, Transzendenz, Ausnahme, Unterschied, Erwartung, Prophezeiung, Genie, falscher Platz, Förderung, Magie, Initiation

22 __ Errungenschaft, Vollendung, Größe, Spiritualität, Gewicht, Gegensatz, Heiligsprechung, Erleuchtung

Teil I

Was ist Numerologie?

Was ist Numerologie?

Um den Begriff Numerologie zu definieren, müssen wir zuerst herausfinden, was eine Zahl ist. Zahlen symbolisieren Mengen, und die Menge hat etwas mit Dualität oder Polarität zu tun, die ein Teil der Wirklichkeit ist. Alles ist dual: Tag und Nacht, gut und böse, Mann und Frau und so weiter. Wir müssen uns jeden Tag mit der objektiven Welt auseinandersetzen. Als das Eine – Gott, die Große Mutter oder was immer Sie vorziehen – sich teilte, wurde die Dualität geboren und aus ihr die Vielheit. Durch die Vielheit können wir die Dualität verstehen, durch die Dualität die Einheit. Die Numerologie ist ein subjektives System, das es uns ermöglicht, das Leben aus einem anderen Blickwinkel zu sehen.

Der bekannteste Zahlenforscher war Pythagoras, dessen metaphysische Mathematik wir jedoch nicht mit Numerologie verwechseln dürfen. Die Numerologie basiert auf seiner Vorstellung, Zahlen hätten übernatürliche Kräfte und es gebe eine Parallelwelt, die über die kleinen Details unserer Welt erhaben sei: die Essenz des Kosmos. Nach den Lehren, die seine Schüler verbreiteten, interessierte sich Pythagoras offenbar nicht für Numerologie. Er beeinflusste mehrere andere Philosophen, die uns von seiner Philosophie berichtet haben; denn er selbst hat keine Bücher geschrieben.

Um die Welt zu verstehen, können wir versuchen, die Menschen zu verstehen. Wir brauchen nicht mit ihnen überein zu stimmen und müssen sie auch nicht erklären; aber wir sollten ihre Natur kennen. Das Numerogramm (auch Numeroskop genannt) ist dafür hervorragend geeignet. Es ist einfach, aber tiefgründig, und alles, was Sie benötigen, ist vollständiger, ursprünglicher Name und Ihr Geburtsdatum. Das ist die Grundlage aller Berechnungen. Keine Angst vor Mathematik – Ihre mathematischen Fähigkeiten sind wahrscheinlich größer als meine! Jede Zahlenkombination spiegelt einen Aspekt der Persönlichkeit wider und enthüllt eine archetypische Energie als Wurzel der Persönlichkeit.

Jede Zahl hat ein mathematisches „Verhalten", das heißt ihren eigenen Charakter (sie kann z. B. gerade oder ungerade sein, sich durch 3 oder eine andere Zahl teilen lassen und so weiter). Wenn Sie in Analogien denken, spiegeln diese Eigenschaften Verhaltensweisen und Situationen in Ihrem Leben wider (ohne sie herbeizuführen), sobald Sie die Sprache der Zahlen in Ihre Sprache übersetzen. Das Numerogramm ist ein Puzzle, in dem jedes Stückchen eine eigene Bedeutung hat, wenngleich diese Bedeutung nur sichtbar wird, wenn Sie Gegensätze vergleichen.

Ihr Name symbolisiert im Diagramm das *Selbst*, und das Geburtsdatum zeigt, wie dieses Selbst lebt. Das ist leicht zu verstehen: Ihr vollständiger, ursprünglicher Name ist eine Art Etikett und enthüllt daher seinen „Besitzer".

Das Geburtsdatum symbolisiert den Beginn der Reise und zeigt, wie deren Rest aussehen wird. Es steht *nicht* für ein unveränderliches Schicksal, denn es gibt immer unbekannte Aspekte im Leben, die wir keinesfalls übersehen dürfen. Andererseits können wir dank der Zahlen eine Seele so betrachten, wie wir ein Gesicht auf einem Bild betrachten.

Zuerst können wir die Zahlen in eine positive/männliche und eine negative/weibliche Gruppe einteilen. Das hat nichts mit „gut" oder „schlecht" und auch nichts mit Sexualität zu tun – hier geht es nur um Polaritäten. Danach sind ungerade

Zahlen immer männlich und aggressiv, gerade hingegen subtiler und zarter. Wenn wir eine gerade und eine ungerade Zahl addieren, ist das Ergebnis stets eine ungerade Zahl; wenn wir zwei gerade Zahlen addieren, erhalten wir immer eine gerade Zahl. Das zeigt, wie forsch die ungeraden Zahlen sind: Sie setzen sich gegen die geraden immer durch. Andererseits sind die geraden Zahlen defensiv, als wollten sie einander schützen.

Beginnen wir mit den Grundzahlen 1, 2, 3, 4, 5, 6, 7, 8, 9. Sie haben keine Quersumme und symbolisieren Archetypen, also die Essenz einer Persönlichkeit oder Situation. Alle anderen Zahlen (außer 11 und 22) lassen sich *reduzieren* (vereinfachen). Ein Beispiel: 18 = 1 + 8 = 9. Dies ist eine vereinfachte Methode, die Pythagoras erfand, um das Wesen einer Zahl zu verstehen.

11 und 22 sind *Meisterzahlen*, die wir nicht reduzieren dürfen, weil sie die Ausnahmen von jeder Regel symbolisieren und mit bestimmten Menschen und Situationen verbunden sind.

Das Ergebnis jeder Berechnung wird klarer, wenn wir den Platz einer Zahl berücksichtigen. Wenn wir positive, negative und neutrale Zahlen im Dreieck darstellen (siehe Abb. 1), ist die Yang-Position (aus Ihrer Sicht links, auf dem Dreieck rechts) die positive Seite. Die Yin-Position befindet sich rechts (auf dem Dreieck links), die neutrale – die Verbindung beider Aspekte – an der unteren Spitze. Setzen wir eine ungerade Zahl in die Yin-Position (weiblich), unterscheidet sich die Kombination von derselben Zahl in einer Yang-Position. Nehmen wir 29/11 als Beispiel: Die sanfte Zahl 2 steht in einer starken ersten Position, die aktive Zahl 9 in der ruhigen Position. Darum ist die 11 androgyn. Wenn Sie ein Dreieck zeichnen und einige Zahlen darauf unterbringen, verstehen Sie diese Methode.

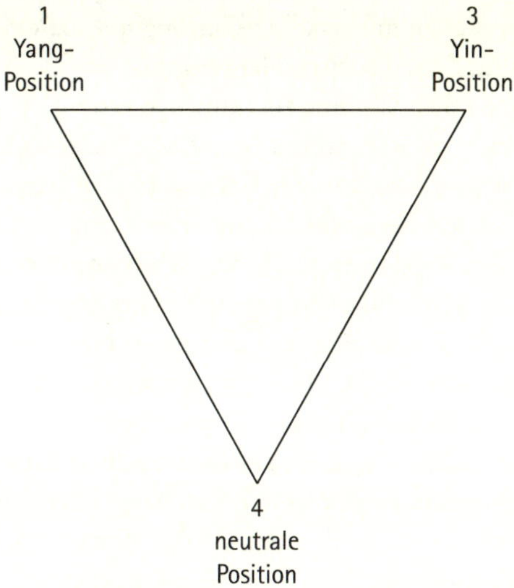

Abbildung 1: Yang, Yin und neutrale Position

Die Yang-Position enthält 1, die erste männliche Zahl. Sie symbolisiert die herrschende Polarität, die Basis aller Zahlen. Die 1 steht für Impuls, Führung und Dynamik. Die Zahl 3 ist ungerade und subtil polar. Als Zahl der Kommunikation ist die 3 eine Brücke, die den Impuls der 1 zur 4 lenkt. Wir brauchen die 3 als eine Art Filter, da die 1 nicht ganz mit der 4 harmoniert. Die 4, die von der 13 kommt, wird zum Beispiel von ihrem „Vater", der 1, und ihrer „Mutter", der 3, beeinflusst, und die natürliche Ruhe der 4 wird somit von der Energie ihrer „Eltern" abgeschwächt. Eine solche 4 ist kreativer als alle anderen (31, 40 usw.). Bei der 31 fällt auf, dass die 1 die passive Position des Dreiecks einnimmt und wegen ihres forschen Wesens kein guter passiver Leiter ist. Wenn es um eine Initiation geht, ist die 31 dagegen sehr wichtig, obgleich sie ein Hindernis symbolisiert, dass Sie vor der Erleuchtung überwinden müssen. Der Umgang mit diesem Hindernis prägt Ihr Leben positiv oder negativ.

Beachten Sie, dass eine zusammengesetzte Zahl die Wurzel ist, welche die Grundzahl beeinflusst. Sie stellt den Vater und die Mutter dar, die der Grundzahl ihre Eigenschaften verleihen. Die 6 ist beispielsweise immer eine 6, aber einige ihrer Merkmale können dank der Zahlenkombination stärker sein als andere. Eine 6, die aus der 15 hervorgeht, ist immer leidenschaftlicher, stärker und unruhiger. Die Eigenschaften des Vaters (1) und der Mutter (5) verschieben also die Leidenschaft in Richtung Gewalt. Eine 6, die der 24 entstammt, ist am schwächsten, weil die Yin-Aspekte der 6 durch 2 und 4 verstärkt werden, so dass es der 6 an Yang-Energie mangelt. Die 33, eine „spezielle 6", steht wie die Meisterzahlen entweder für Erleuchtung oder für Geisteskrankheit (33 ist zwar keine Meisterzahl, enthält aber wie diese einen doppelten Energiestrom).

Die Grundzahl ist der Archetyp, und die zusammengesetzte Zahl enthüllt dessen Tendenzen. Die folgende Liste zeigt anhand einiger Beispiele, wie zusammengesetzte Zahlen die Grundzahlen beeinflussen.

1 ___ ist der Führer, aber 10 neigt zu patriarchalischem Gehabe, 19 zu autoritärem Stil und 28 zu Perfektionismus.

2 ___ ist kooperativ, aber 20 kooperiert eher auf einer höheren, spirituellen Ebene.

3 ___ ist kommunikativ, aber 12 fällt es schwer, die eigene Meinung zu vertreten, 21 hat Angst vor dem Selbstausdruck, während 30 furchtlos ist.

4 ___ organisiert, doch 13 neigt dazu, Regeln zu brechen, während 31 Regeln aufstellt.

5 ___ ist rebellisch, aber 14 unterdrückt diese Eigenschaft etwas, 23 neigt zu hitzigen Worten und Taten, und 32 findet ihr Gleichgewicht in der Freiheit.

6 ___ ist gefühlvoll, 15 neigt zu starken Gefühlen, 24 zu schwachen Gefühlen, 33 liegt zwischen den Extremen.

7 ___ ist der Intellekt, aber 16 neigt zu Zerstörung, 25 zum Aufbau.

8 ___ steht für materielle Verhältnisse, 17 ist meist optimistisch, 26 neigt zu Zerbrechlichkeit und Pessimismus.

9 ___ ist Freiheit und Bewegung, aber 18 meidet Wege, die zu starken Gefühlen führen. 27 erforscht meist die innere Welt, 36 die äußere.

11 __ ist der Yang-Aspekt der Spiritualität, aber 29 ist eher „konventionell" und 38 eher „materiell".

22 __ ist der Yin-Aspekt der Spiritualität. Die Zahlen, aus denen eine 22 hervorgehen kann, liegen alle über 100, was ihre Einflüsse subtiler macht, so dass wir sie genauer studieren müssen.

Wenn Sie nicht darauf achten, wie eine Zahl (aus einer nicht reduzierten) entsteht, können Sie das Symbol nicht verstehen. Wasser ist beispielsweise immer Wasser; aber es kann gefiltert oder ungefiltert, Meerwasser, trübes Wasser, Flusswasser, destilliertes Wasser oder Eis sein – also unterschiedliche Arten von H_2O.

Sie können die Bedeutung einer Zahl auch mit Hilfe der Mathematik erhellen: Ist sie teilbar oder nicht; wenn ja, durch welche Zahlen usw.? Die Zahlenspirale (siehe Abb. 2) verrät ebenfalls eine Menge über Beziehungen, Verhalten und Charakter von Zahlen.

Die erste Schleife der Spirale enthält die Grundzahlen, also die fundamentalen Muster, aus denen alle Zahlenkombinationen hervorgehen. Das ist die Schleife 0. Die zweite Schleife enthält die 1 und deren Generationen, also die 1 selbst sowie ihre Verbindungen mit allen anderen Grundzahlen einschließlich 11. Bei allen zusammengesetzten Zahlen, die mit 1 anfangen, beeinflusst die 1 also spürbar die Bedeutung der gesamten Zahl. Außerdem können wir die erste und die letzte Zahl dieser Schleife, die 10 und die 19, jeweils auf 1 reduzieren.

Das Gleiche geschieht in der nächsten Schleife, die der 2 gehört, und auf den übrigen. Beachten Sie, dass 11 eine reduzierte 29 ist, aber nicht reduziert wird. Dennoch ist sie eine Art Ersatz für die 2 und in gewissem Sinne ihre natürliche Entwicklung. Wir beschränken uns in diesem Buch auf die ersten 33 Zahlen, weil sie die wichtigsten kabbalistischen Archetypen darstellen und den Weg und die Evolution aller Wesen symbolisieren.

Zusammengesetzte Zahlen verstehen wir nur, wenn wir die Bedeutung der Grundzahlen kennen. Ich habe sie im Teil 0 bereits kurz vorgestellt, gehe aber im nächsten Kapitel genauer auf sie ein. Bevor wir weitermachen, müssen wir allerdings mehr über die Zahlenwerte der Buchstaben wissen (siehe Abb. 3).

Wenn Sie ein Numerogramm erstellen, verwandeln Sie die Buchstaben des Namens in Zahlen. Dieses Verfahren basiert auf dem Gedanken, dass dieselbe Energie oder dasselbe Prinzip auf verschiedenen Welten erscheint: Für A gilt das gleiche Prinzip wie für 1, weil beide Symbole die erste Stelle ihres Systems einnehmen. Auch die Sonne ist die Erste, die Führerin des Sonnensystems und daher die „Nummer 1“. In der Antike unterschied man nicht zwischen Chemie und Alchemie, Astronomie und Astrologie, Mathematik und Numerologie, dem Heiligen und dem Profanen, Buchstaben und Zahlen. Darum bestehen das hebräische und das griechische Alpha-

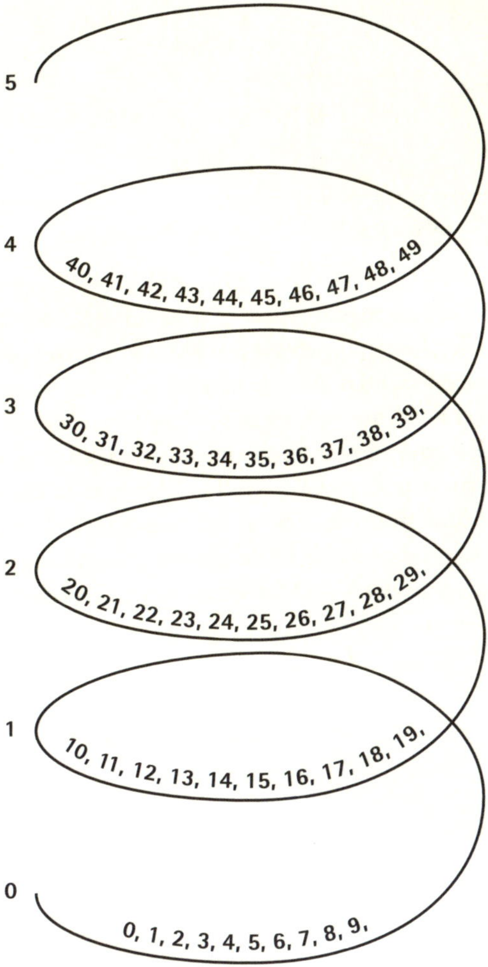

Abbildung 2: Die Zahlenspirale

1	2	3	4	5	6	7	8	9
A	B	C	D	E	F	G	H	I
J	K	L	M	N	O	P	Q	R
S	T	U	V	W	X	Y	Z	

Abbildung 3: Die Zahlenwerte der Buchstaben

bet aus Buchstaben, die gleichzeitig als Zahlen dienen. Insofern ist die Numerologie eine Art Kabbala der Moderne, einerlei wie seltsam das klingen mag.

Wieder konzentrieren wir uns auf die Grundzahlen, wenn wir die Zahlenwerte der Buchstaben bestimmen. Denken Sie aber daran, dass *A, J und S* verschiedene Formen der Zahl 1 sind. Außerdem unterscheiden wir zwischen 1, 10 und 19. Darum ist A leuchtender, J subtiler und S stärker, obwohl alle drei eine Form der 1 mit Ähnlichkeiten und Unterschieden sind.

Teil II

Die Zahlen

Eine Analyse der Zahlen

In diesem Kapitel untersuchen wir genauer als in Teil I, was Zahlen bedeuten. Wir betrachten Analogien und überlegen, wie man jede einzelne Zahl deutet, um ihren tieferen Sinn zu erfassen. Zum Schluss erstellen wir Diagramme, welche die Rolle der Zahlen im Leben aufzeigen.

0 – Null

Analogien: Kreis. Kugel, Neutralität, Transparenz, Unsichtbarkeit, weder Anfang noch Ende, Planet, Atom, Schlange, Expansion, Ursprung, das Nichts; das Unbekannte, Unerreichbare, nicht Existierende, Unendliche, nicht Geschaffene, Ungreifbare.

Analyse: Stellen Sie sich die 0 nicht als Zahl vor, sondern als Idee, als Symbol der Nichtexistenz und der Abwesenheit. Die 0 steht für das Abstrakte, das Potenzial, das noch nicht ist, aber werden kann. Außerdem ist sie ein Sinnbild der Stabilität in der abstrakten Welt, da ihre Leere Dauerhaftigkeit einschließt. Die 0 ist der Urvater aller Zahlen, weil diese erst dann zu existieren beginnen, wenn sie erkennen, dass sie nicht existieren. Das Wissen um die Nichtexistenz bezieht sich allein auf die Vergangenheit: Wenn Sie nicht existieren, können Sie dieses Wissen nicht besitzen. Sobald Sie wissen, existieren Sie in der Gegenwart, und die Präexistenz – die Phase 0 – ist nur noch eine schwindende Erinnerung.

Die Zahl 1 will dem Nichts der 0 als Erste entspringen, und so wie die 0 die 1 hervorbringt, gebiert die 1 alle anderen Zahlen.

Auf dem Numerogramm hat die 0 keinen Platz, außer bei den Herausforderungen.[1] Es gibt keinen „Null-Menschen"; darum erscheint die 0 nur als durchsichtige Idee, zum Beispiel 10, 20, 30 usw. Interessant ist jedoch, wie oft man heutzutage 01, 02, 03 usw. schreibt – ein weiterer Hinweis darauf, woher die Grundzahlen kommen. Auf den Tarotkarten ist die 0 der Narr, eine Figur, die auch mit der 22 assoziiert wird (2 – 2 = 0).

Das *Tao Te Ching* drückt die universelle Bedeutung der 0 sehr schön aus:

Die Bewegung des Tao ist Rückkehr.
Die Anwendung des Tao ist Sanftheit.

Alle Dinge unter dem Himmel
entstehen aus dem Körperlichen.
Das Körperliche entsteht aus dem Nichtkörperlichen.[2]

1 – Eins

Analogien: Einheit, Mann, Männlichkeit, Manneskraft, Aktivität, Unabhängigkeit, Aggressivität, Ich, Sonne, Sieg, Pionier, Führung, Autorität, Stolz, Egoismus, Narzissmus, Tyrannei, Sturheit, Feuer, Gold, Vater.

Analyse: Dies ist die Zahl der Sonnenenergie. Sie ist sehr männlich und yang, und sie besitzt die damit verbundenen Eigen-

---

1 Mehr darüber in Teil III.

2 Lao Tzu, *Tao Te Ching*, übers. v. John C. H. Wu, New York: St. John's University Press, 1961, Strophe 40, S. 59

schaften. Die 1 ist nicht *eine* Zahl, sondern *die* Zahl, weil sie Gesamtheit und Einheit symbolisiert. Sie ist alles, das Einzigartige, das Absolute, das Große Erste. Alle anderen Zahlen gehen aus der 1 hervor; darum ist sie ihr Vater. Macht ist das natürliche Attribut der 1, aber wie diese Macht angewandt wird, ist eine andere Frage. Einerlei, ob Macht vorhanden ist oder nicht, der Umgang mit ihr ist das Ziel der 1, vor allem wenn es darum geht, Macht auszuüben. Die 1 will verehrt werden; ihre Vasallen bekommen von ihr alles, wenn sie ihre Autorität anerkennen, denn es geht darum ein Spiel zu spielen, in dem die 1 immer herrscht, sei es zum Guten oder zum Schlechten. Nur dann kann die 1 großzügig sein wie der gütigste König. Wird ihre Führung jedoch in Frage gestellt, tut die 1 alles, um den Rebellen in seine Schranken zu weisen. Dabei kann sie sehr naiv sein: Wer nicht an der Hierarchie interessiert ist, sondern an Ergebnissen, braucht dem König nur einzureden, eine Idee sei seine eigene. Manchen Menschen fällt diese Manipulation leicht; vor allem Zahlen wie die 2 können blinde Egos wie die 1 mühelos überreden.

Jede Zahl hat positive wie negative Aspekte, und zusammengesetzte Zahlen zeigen, in welche Richtung eine Grundzahl tendiert. Die wichtigsten Quellen der 1 sind 10, 19 und 28. Die 10 erweitert die Eigenschaften der 1, weil die 0 ein Verstärker ist. Da die 0 eine transparente Zahl ist, kann sie eine andere Zahl nur verstärken, aber nicht modifizieren. Die 10 symbolisiert also die Rückkehr zur ersten Ebene der Zahlenspirale. Da die 10 gerade ist, bildet der betonte Aspekt der 1 ihre sanfteste Seite. Nach Nicomano de Gerase[3] halten die

---

3 Françoise-Xavier Chaboche, *Vida e Mistério dos Números* (Sao Paulo: Hemus, 1979), S. 157

Pythagoräer die 10 für eine vollkommene Zahl, das Symbol der Gottheit, der Ewigkeit und der Sonne[4] (siehe Abb. 4).

Nach Lyses ist die *Tetraktys* das Sinnbild der völligen Harmonie. Beachten Sie, dass das Dreieck für Vollkommenheit und das Gleichgewicht der Polaritäten steht. Die Summe der Zahlen von 1 bis 10 ergibt 55 und betont dadurch die Heiligkeit der Zahl, da sie eine Meisterzahl als Ziel und Richtung verbirgt.

Die 19 ist äußerst vielschichtig: Sie kommt von der 1, dem Anfang, und von der 9, dem Ende, und hat wieder die 1 als Quersumme. Sie enthält somit Alpha und Omega, also viel Kraft und einen starken Willen – die beide oft gewalttätig und blindlings angewandt werden –, und kann daher Wunder bewirken oder Katastrophen auslösen. Die 19 konzentriert also die diktatorischen Neigungen der 1, kann sie aber bisweilen konstruktiv einsetzen.

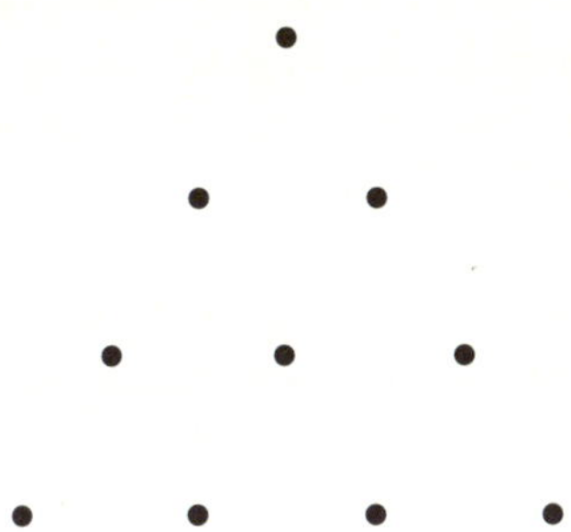

Abbildung 4: Die Tetraktys.

4 W. Wynn Westcott, *Numbers: Their Occult Power and Mystic Virtues* (London: Theosophical Publishing Society, 1902), S. 90-92

Die 28 gilt als eine der günstigsten zusammengesetzten Zahlen, deren Quersumme 1 ist, denn sie ist mathematisch gesehen vollkommen, nämlich das Ergebnis ihrer Divisoren. Vollkommene Zahlen sind selten, und wir kennen nur die ersten fünf: 6, 28, 496, 8128 und 33 550 336.[5] Darum ist die 28 eine Konzentration der besten Möglichkeiten der 1. Die 28 besteht aus zwei geraden Zahlen, welche die Aggressivität der 1 lindern; zudem ist die 8 objektiv und pragmatisch, das Gleichgewicht der Gegensätze. Zählt man die Zahlen von 1 bis 28 zusammen, erhält man 406, die sich auf 10 und dann auf 1 reduzieren lässt – ein ewiger Kreislauf. Die Entschlossenheit der 1, sich durchzusetzen, ist immer offenkundig, einerlei, ob sie positiv oder negativ genutzt wird. Übrigens: Ehe die Astrologen erkannten, dass der Tierkreis in 12 Sonnenhäuser teilbar ist, gab es bereits eine Einteilung in 28 Mondhäuser.

Die 1 ist mit dem Element Feuer verbunden, da beide ein Machtsymbol sind. Der Urmensch zähmte wilde Tiere, kurz nachdem er gelernt hatte, mit Feuer umzugehen. Dank des Feuers konnte er über die Tiere und sogar über die eigene Art herrschen. Selbst heute regieren die Besitzer des Feuers – der großen Waffenarsenale – die Welt durch Krieg und Technik. Das Feuer ist die Verkörperung des Geistes und der Intelligenz, die über physikalische Kräfte triumphieren. Die Menschen waren kleiner als das Mammut, aber sie waren auch intelligenter. Sie fürchteten sich vor dem Feuer, doch eben deshalb mussten sie es zähmen. In der Alchemie hat das Feuer eine regenerierende Funktion. Der Mythos von Prometheus illustriert das Streben der 1 nach Macht. Prometheus raubte Feuer von den Göttern und übergab es den Menschen, ob-

---

5 Jorg Sabellicus, *A Magia dos Números* (Lisboa: Edições 70, 1986)

wohl Zeus es ihm verboten hatte. Zeus war zornig auf den Dieb, aber er hatte auch Angst davor, dass die Menschen dank des Feuers zu Göttern werden könnten. Zur Strafe ließ er Prometheus an einen Felsen schmieden. Dort fraß ihm ein Adler die Leber, die jedoch immer wieder nachwuchs, so dass Prometheus' Schmerzen kein Ende nahmen. Erst nach langer Zeit gab Zeus dem Prometheus die Freiheit zurück, worauf dieser zum Gott wurde. Dieser Mythos feiert den heldenhaften Kampf des Menschen auf Erden und weist Gemeinsamkeiten mit der Schöpfungsgeschichte auf. Die 1 symbolisiert in diesem Fall die ganze Menschheit.

2 – Zwei

Analogien: Dualität, Frau, Empfindsamkeit, Weiblichkeit, Passivität, Abhängigkeit, Zartheit, Mond, Empfänglichkeit, Diplomatie, Bescheidenheit, Rhythmus, Zusammenarbeit, Überzeugung, Feigheit, Unterwerfung, Grausamkeit, Nachlässigkeit, Schüchternheit, Mangel an Selbstvertrauen, Wasser, Mutter, Silber.

Analyse: Die Zahl 2 symbolisiert Dualität, Teilung und Widerstand. Sie ergänzt die 1. Alles auf dieser Welt ist dual: Männer und Frauen, hell und dunkel, heiß und kalt, gut und böse. Darum ist die 2 das Sinnbild unserer Existenz auf Erden. Während die 1 die Menschheit symbolisiert, steht die 2 für das Wissen, ein Mensch mit all seinen Konflikten und Widersprüchen zu sein. Die 2 erinnert also an die Gegensätze des Lebens und passt zu Menschen, die lieber mit einem anderen arbeiten als in einer Gruppe oder allein. Solche Menschen denken immer an Ehe, Partnerschaft und dergleichen. Die 2 denkt „wir“, nicht „ich“, und es gefällt ihr, wenn jemand ihr sagt, was zu tun ist. Wie der Mond das Licht der

Sonne reflektiert, absorbiert die 2 die Energie der 1 und ernährt sich vom Überfluss der Lichtquelle.

Manche Autoren halten die 2 für eine teuflische Zahl, den Zerstörer der heiligen Einheit und den Mörder Gottes. Das ist Unsinn. Es ist naiv und oberflächlich, eine Assoziationskette wie „negativ, weiblich, böse, dämonisch" zu konstruieren. Jeder weiß, dass das Licht die Dunkelheit braucht, weil wir das eine nur wahrnehmen, indem wir es mit dem anderen vergleichen. Wissen entsteht, wenn wir Gegensätze vergleichen. Wir wissen zum Beispiel, dass die Leben spendende Sonne uns durch einen Hitzschlag töten kann und dass wir im erquickenden Wasser auch ertrinken können. Lassen Sie sich also nicht vom Aberglauben blenden, den die Kirche im Mittelalter verbreitet hat.

Stille und Intuition sind die stärksten Kräfte der 2. Mit der 2 beginnt das eigentliche Zählen; denn wir können nicht „bis 1 zählen". Zudem ist sie der Anfang des Rhythmus, des Tanzes, der Statistik und der Musik. Der Körper ist ein Teil der Seele, die ursprünglich androgyn war. Hermes Trismegistos würde sagen: „Kosmos und Mensch sind dual: sichtbar und körperlich, aber auch unsichtbar und nichtkörperlich. Ferner ist der Mensch sterblich und unsterblich zugleich. Die sieben kosmischen oder archetypischen Menschen waren bisexuell."[6] Diese Teilung mag Trennung bedeuten; aber sie ist wohl notwendig, damit wir im Leben Erfahrungen sammeln und die Dualität verstehen lernen. Darum schreibt Crowley in seinem *Liber AL*: „Denn ich bin um der Liebe willen geteilt, damit ich mich vereinigen kann."[7]

---

6 Ruth Phelps, *The Universe of Numbers* (San Jose: AMORC, 1984), S. 65
7 Aleister Crowley, *The Law is for All* (Phoenix: New Falcon, 1993), S. 47

Auch nach Philo sind Menschen dual, weil sie aus einem himmlischen und einem irdischen Teil bestehen.[8] Das heißt, der Mensch kann Gott oder Tier sein oder beides zugleich. Diesen Gedanken verkörpert der griechische Gott Abrasax besonders schön; denn er vereinigt in sich Gott und Dämon, und solange zwischen diesen Gegensätzen keine Harmonie herrscht, gibt es kein *Mysterium conjunctionis*, keine Söhne und Töchter und keine Zahl 3.

Wir können die 2 manchmal durch 11 ersetzen; denn wenn mitten in einer Berechnung eine 11 erscheint, dürfen wir nicht weiter reduzieren. Die einzige Zusammensetzung, die Sie bei Ihren Berechnungen finden werden, ist daher die 20, die Zahl der Regeneration, das Symbol des Wissens, das wir durch Erfahrung erwerben und in die Zukunft projizieren, aber auch eine Zahl der Konflikte, die das erwachende Gewissen auslöst.

Wasser ist das passende Element für die 2, weil jede Flüssigkeit passiv und anpassungsfähig ist. Zwar kann ein Wetterwechsel das Wasser in Eis oder Dampf verwandeln; ansonsten aber nimmt es die Form seines Behälters an. Das Leben begann und beginnt heute noch im Wasser, im Schleier der Isis, dem Element der Fruchtbarkeit.

Die 2 strebt nach der 3, also nach Fortpflanzung. Ihre größte Stärke ist Passivität im Sinne von Gandhi. Das bekräftigt auch das *Tao Te Ching*:

Was schrumpft,
muss zuerst größer werden.
Was scheitert,
muss zuerst stark sein.

---

8 Ruth Phelps, *The Universe of Numbers*, S. 77

Was fällt,
muss zuerst steigen.
Vor dem Empfangen
Kommt immer das Geben.[9]

3 – Drei

Analogien: Kreativität, Kind, Expansion, glücklich sein, Ausdruck, Kunst, Vielfalt, Geselligkeit, Kommunikation, Eifersucht, Stolz, Falschheit, Energieverlust, Gespräch, Undurchführbarkeit, Luft, Inspiration, Dreieck.

Analyse: Da die 1 den Mann und die 2 die Frau symbolisiert, ist die Verbindung der 1 mit der 2 das Sinnbild des Kindes, des Sohnes und der Vereinigung polarer Kräfte. Diese Zahl der Synthese und der Essenz steht für das Gesetz des Dreiecks, also für ein Gleichgewicht der Gegensätze durch Assimilation. Das bestätigen fast alle Religionen und Philosophien. Überprüfen Sie diese Behauptung, und Sie stoßen auf das universelle Mantra AUM; den Vater, den Sohn und den Heiligen Geist der Christen; Sonne, Mond und Erde bei den Naturreligionen; die drei Hauptbuchstaben des hebräischen Alphabets (*alef, mem, schin*); Brahma, Vishnu und Shiva im Hinduismus; Osiris, Isis und Horus bei den alten Ägyptern; Odin, Freya und Thor bei den alten Germanen; Baal, Astarte und Melkart bei den Babyloniern sowie Ormuzd, Ahriman und Mithras bei den alten Persern. Das Große Werk wird ebenfalls in drei Teile geteilt: in das dunkle, weiße und purpurrote Werk.[10]

---

9 Lao Tsu, *Tao Te Ching*, übers. v. Gia-Fu Feng und Jane English (London: Wildwood House, 1973), Strophe 36

10 W. Wynn Westcott, *Numbers: Their Occult Power and Mystic Virtues*, S. 40-46 (über die 3)

Es gibt drei Ebenen: die mineralische, die pflanzliche und die tierische. Die Zeit wird in Vergangenheit, Gegenwart und Zukunft eingeteilt. Und Hermes Trismegistos schrieb: „Man nennt mich HERMES TRISMEGISTOS, weil ich die drei Teile der Weisheit der ganzen Welt besitze.“[11]

Die 3 symbolisiert Menschen, die dynamisch und kreativ, aber völlig unpraktisch sind, ganz im Gegensatz zu den „Vierern“.

Die wichtigsten Quellen der 3 sind 12, 21 und 30. Sie behalten zwar die Grundeigenschaften der 3 – z. B. Kreativität und gute Kommunikation –, aber die 12 ist am langsamsten und birgt eine Menge Angst in sich, die zu Enttäuschungen führen kann, weil die innere Zeit schneller vergeht als die äußere. Die Gleichung 1 + 2 = 3 steht für Dreiheit durch gute Organisation. Die 12 ist eine Zahl des Lernens durch zyklisch wiederkehrende Erfahrungen. In einem Kapitel der *Apokalypse* wird der Baum des Lebens erwähnt, der jeden Monat zwölfmal Früchte trägt. Da die langsame 2 die Macht der 1 dämpft, ist der initiierende Einfluss der 12 nicht sehr groß; dennoch ist er spürbar, weil die 12 jede Schwingung verlangsamt.

Die 21 besitzt die Rauheit der 1 sowie die gute Wahrnehmung und die Subtilität der 2. Sie ist die Zahl der Welt, weil sie das Männliche mit dem Weiblichen verbindet. Das erklärt, warum die 21. Arkane des Tarots eine androgyne Mitte hat. Die 21 ist auch das Ergebnis von 3 x 7 und somit die Trinität der Weisheit, da die 7 alles (un)mögliche Wissen auf Erden symbolisiert.

---

11 Ruth Phelps, The Universe of Numbers, S. 201

Was die 30 betrifft, so wirkt sie als 10 + 20 und ist daher eine verdünnte 3.

Die 3 ist mit dem Element Luft verbunden, weil sie die Inspiration darstellt, die eine Voraussetzung für die Schöpfung ist. Außerdem steht sie für die Fantasie vor der Schöpfung und für die Kommunikation, die das Werden der Materie (bewirkt von der 4) erleichtert. Luft ist nicht greifbar; wir können sie weder sehen noch berühren, spüren aber ihre Wirkung, wenn wir atmen oder wenn ein Wind die Haut streift. Das gilt auch für die Gedanken: Wir können sie nicht sehen oder festhalten; aber ihre Wirkung auf Menschen und auf die Welt ist unbestreitbar.

Blau ist die Farbe der Kommunikation. Das Chakra zwischen Kehlkopf und Kehle ist blau, weil es die Stimme und den Ausdruck steuert.

Das *Tao Te Ching* beschreibt die 3 so:

Tao gebiert eins,
eins gebiert zwei,
zwei gebiert drei,
drei gebiert alles.[12]

4 – Vier

Analogien: Solidität, Organisation, Vernunft, Einschränkung, Arbeit, Rechtschaffenheit, Verlässlichkeit, Ehrlichkeit, Geduld, Langsamkeit, Durchführbarkeit, Traditionalismus, Offenheit, Gelassenheit, Vorurteil, Unterdrückung, Verzögerung, Unwissenheit, Begrenztheit, Gewaltausbruch, Quadrat, Erde, Grau.

---

12 Lao Tzu, *Tao Te Ching*, übers. v. Ch'u Ta-Kao (London: Allen & Unwin, 1937), Strophe 42. In einer Fußnote dazu heißt es: „Yen Fu sagt: ‚Der Tao ist der Ursprung, das Absolute. Wenn er herabsteigt, gebiert er eins. Wenn die eins geboren ist, wird der Tao relativ, und zwei wird geboren. Wenn wir zwei Dinge vergleichen, entsteht ihr Gegenteil, und drei wird geboren'."

Analyse: Aus dem Nichts (0) entsteht die ursprüngliche Einheit (1). Diese wurde geschaffen und bringt Gegensätze hervor, harmonisiert durch die Schöpfung (3). Die Schöpfung musste einen praktischen Wert haben, aber ihr fehlte die Organisation (die 3 lässt die Ideen nur einströmen, ordnet sie aber kaum). Organisation würde den Tod der 3 bedeuten, doch der 4 ist sie eine Freude. Darum befinden sich 4 Dreiecke in einem Quadrat, dem Symbol der 4. Zeichnen Sie einfach ein X in ein Quadrat, und Sie sehen es! Das ist eine Anspielung auf Organisation und Blockaden. Die 4 ist eine gerade Zahl, systematisch, ausdauernd, yin, vernünftig, aber sehr gründlich; und sie neigt zu Wiederholungen. Sie gleicht dem weichen Wasser, das dank seiner Hartnäckigkeit mit der Zeit Kerben in Felsen schneidet. Die 4 empfiehlt Ihnen feste Ziele. Sie ist das Fundament, auf dem alles andere ruht. Darum ist ihr Element die Erde: Wir müssen „mit den Füßen auf der Erde stehen“ und vernünftig sein. „Vierer-Menschen“ haben meist ein ruhiges Temperament – aber wenn sie ihre Ruhe einmal verlieren, müssen wir mit einem Erdbeben rechnen. Wie alle Yin-Zahlen ist auch die 4 konservativ; sie zieht Wege vor, die sie kennt, und sucht nicht gerne nach neuen Pfaden. Sie liebt es, Menschen und Dinge einzuordnen und übersieht dabei manchmal ihre Einzigartigkeit. Ihr Drang nach Normalität“ kann geradezu abnorm werden.

Meist symbolisiert die 4 einen vertrauenswürdigen Menschen, das Salz der Erde, einen Handwerker. Im Körper ist sie mit den Beinen und Füßen verbunden. Die ganze Welt ist nach ihrem Vorbild organisiert: Es gibt 4 Jahreszeiten (Frühling, Sommer, Herbst und Winter), 4 Himmelsrichtungen (Osten, Westen, Norden und Süden), 4 Elemente (Feuer, Wasser, Luft und Erde), 4 Hauptzustände (heiß, kalt, nass und trocken), 4 mathematische Grundrechenarten (Addition, Subtraktion, Division und Multiplikation), 4 kabbalistische Welten (Emanation, Schöpfung, Formung und Aktion), 4 Temperamente (sanguinisch, lymphatisch, gallig und nervös) und so weiter.[13] Trismegistos schrieb:

Ihr Vater ist die Sonne,
ihre Mutter der Mond,
der Wind birgt sie im Schoß,
und ihre Amme ist die Erde.[14]

Die 4 entsteht hauptsächlich aus der 13 und der 31. Jeder kennt den schlechten Ruf der 13 – arme Zahl! Sie symbolisiert den Tod oder eine Unterbrechung; aber das klingt in unseren westlichen Ohren Furcht erregend, weil wir den Tod als Ende betrachten anstatt als Transformation. Doch der Tod der Raupe ist die Geburt des Schmetterlings, und die Geburt des Menschen ist der Tod seiner Seele, während der Tod des Menschen die Wiedergeburt der Seele ist. Darum fordert das *Liber AL*, den Tod noch fröhlicher als die Geburt zu feiern.[15] Die 13 projiziert den Willen der 1 durch die Kreativität der 3, so dass eine Art unruhige 4 entsteht (was fast ein Widerspruch ist). Dennoch ist die 4 so verschieden von diesen Vorgängern, dass sie faul und pessimistisch werden kann (dies sind ihre schlimmsten Eigenschaften). Trennung und Auflösung sind ein Teil des Wachstums; doch wenn die 13 ängstlich wird, degeneriert sie. Die Botschaft lautet dann: Töte, damit du nicht getötet wirst[15]. Die 13 steht oft für Angst vor dem Tod, für einen Verlust oder für eine Besessenheit, die

---

13 W. Wynn Westcott, *Numbers: Their Occult Power and Mystic Virtues*, S. 48-56 (über die 4)

14 Ruth Phelps, *The Universe of Numbers* (San Jose: AMORC, 1984), S. 201

15 Aleister Crowley, *The Law is for All* (Phoenix: New Falcon, 1993), S. 54

sich um Tod und Verlust dreht. Sie kann eine sehr günstige Zahl sein, wenn man schnelle Reflexe hat und schnell denkt und vor allem wenn man nicht faul oder zu langsam ist.

Etwas heikler ist die 31, weil sie ein großes Hindernis symbolisiert, eine hohe Mauer, einen Berg, den es zu besteigen gilt, oder die dunkle Nacht der Seele vor der goldenen Dämmerung. Das Kind (3) muss das Hindernis (4) allein (1) überwinden. Das Kind sind wir alle in Augenblicken der Entscheidung. Diese Zahl enthüllt auch große Macht und den Mut, einem archetypischen Hindernis entgegenzutreten. Außerdem symbolisiert sie große Enttäuschung und eine Blockade, sofern wir Blockaden fürchten und akzeptieren; denn hier geht es um eine Initiation und um nichts anderes. Und wenn wir die 4 aus 13 oder 31 reduzieren, finden wir immer die 1. Darum ist die 4 eine passive und doch gründliche Zahl.

5 – Fünf

Analogien: Freiheit, Unabhängigkeit, Rebellion, Adoleszenz, Jugend, Wandel, Reisen, Fortschritt, Evolution, Sexualität, Sinne, Vergnügen, Drogen, Bosheit, Alkohol, Mode, Sinnlosigkeit, Pentagramm, Promiskuität, Ironie, Feuer, Äther, Rot.

Analyse: Nachdem die 4 alles organisiert hat, kommt es zu einem Aufstand, zu Aktionen und Reaktionen. Das ist der Lauf der Welt. Die 5 bricht alle Regeln, welche die 4 aufgestellt hat. Sie ist die Jugendliche, die sich nicht gerne sagen lässt, was sie tun und lassen soll, oder der Bilderstürmer, der die Menschen schockiert, um Aufmerksamkeit zu erregen. Da die 5 das Gegenteil der 4 ist, muss sie instabil sein. In diesem Augenblick ist sie hier, und im nächsten verschwindet sie. Ihr Wankelmut macht sie unzuverlässig, aber auch sehr charmant, verführerisch und lustig. Die 5 ist das Symbol unserer Sinne;

sie genießt Sinnesfreuden, bis sie gesättigt ist. Darum ist sie auch das Symbol all dessen, was unser Bewusstsein erweitert. Sex ist für sie sehr wichtig, weil er die wichtigste Form des bewusst herbeigeführten Wandels ist. Das Gleiche gilt für Drogen. Jede Übertreibung kann jedoch zu Promiskuität oder Lasterhaftigkeit führen – dies ist die Schattenseite der 5.

Die 5 hat keine klare Persönlichkeit. Sie steht für Menschen, die Etiketten und Definitionen hassen und stets versuchen, ihnen zu entfliehen, indem sie sich ständig verändern. Deshalb kann die 5 innerhalb von Minuten zwischen Freude und Trauer schwanken. Wenn sie jetzt etwas sagt, leugnet sie es nächste Woche und hat die Angelegenheit bald ganz vergessen. Wie eine Schauspielerin kann sie jederzeit in eine neue Rolle schlüpfen und ihre Ansichten ändern. Die 5 will sich immer wieder in etwas Neues verwandeln oder die Umgebung wechseln; doch nach einiger Zeit kommt es zu einer Gegenreaktion, und sie verändert sich abermals.

Wenn wir die 5 als Verbindung der 2 (der ersten weiblichen Zahl) mit der 3 (der ersten wirklich männlichen Zahl, weil die 1 als absolute Zahl imstande ist, sich zu teilen und die 2 allein hervorzubringen) betrachten, kommt eine sexuelle Note ins Spiel. Das liegt daran, dass die 5 entsteht, wenn wir 2 (die Frau) und 3 (den ersten Mann) addieren: Die Körper vereinigen sich, ohne dass eine Fortpflanzung gewollt sein muss. Vergleichen Sie damit die Addition 1 + 2: Hier paart sich die 1, der Halbgott, mit der 2, der ersten Frau, und das Resultat ist die 3, ein Kind, das zum ersten Menschen-Mann wird. Die Fortpflanzung ist in dieser Addition ebenso inbegriffen wie in der Multiplikation 2 x 3, deren Produkt die 6 ist, das Sinnbild der Familie. Daraus folgt, dass die 5 am Sex als solchem interessiert ist. Als Rebellin erkennt sie zudem keine Regeln an und will alles sofort ausprobieren, auch bisexuelle Erfahrungen.

Manche glauben, in unserem Sonnensystem habe es einst einen fünften Planeten gegeben, der geborsten sei und nur die Asteroiden zurückgelassen habe. Die 5 ist auch mit dem Pentagramm verbunden, dem Symbol der Magie und des Schutzes, das die Form eines vollkommenen Menschen hat. Beachten Sie, dass die 4 Finger der Hand ohne den fünften als Basis schlecht arbeiten können. Dieser fünfte Finger, der Daumen, ist als Einziger isoliert und „anders" als die anderen.

Wenn wir die Zahlen von 1 bis 5 addieren, erhalten wir 15. Sie verstärkt die Neigung zur Leidenschaft, zum Luxus und zur Lust, jedoch nicht ohne Schuldgefühle, da die Quersumme 6 ergibt. Die 15 gleicht einem Katholiken, der alles tut, was er nicht tun darf, aber jeden Sonntag zur Messe geht, um seine Sünden zu „bereuen". Dann, so glaubt er, sei alles gut – und vielleicht hat er recht, weil jeder Mensch Teil eines Netzwerks ist. Thelema unterscheidet zwei Arten der menschlichen Existenz: die Sterne mit ihren Gesetzen und Umlaufbahnen (unser natürlicher Zustand) und die Planeten (unsere Degeneration), die um einen Stern kreisen und Menschen, Gottheiten oder andere materielle Dinge sein können.[16]

Da die 5 eine wankelmütige Zahl ist, bleibt sie gerne in Bewegung und liebt Reisen. Ihre wichtigsten Zusammensetzungen sind 14, 23 und 32. Die 14 ist eine atypische 5, weil sie ständig blockiert (diese Tendenz lässt sich manchmal mit Geduld überwinden). Als Zahl der Alchemie und des Gleichgewichts zwischen Gegensätzen ist die 14 eine schwierige Zahl. Die starke Energie der 1 wird durch die konservative Haltung der 4 ausgedrückt und in gewisser Hinsicht entwertet. Die 5,

16 Thelema ist der Name der Philosophie, die Aleister Crowley und seine Schüler entwickelt haben.

die aus der 14 entsteht, neigt zwar zur typischen Angst aller Fünfen, aber ihre Vernunft verleiht ihr mehr Tiefgang. Stellen Sie sich die 14 als gestautes Wasser vor, das früher oder später den Damm durchbricht. Der schlimmste Aspekt der 14 ist ihre Radikalität. Sie ist lange Zeit die Ruhe selbst, um dann plötzlich auszuflippen. Wenn Sie eine „Fünf" sind, sollten Sie auf Ihr Bedürfnis nach Abwechslung Rücksicht nehmen, aber dabei immer Vernunft walten lassen, weil Sie sonst ständig zwischen Selbstverleugnung und Impulsivität hin und her schwanken. Das zwanghafte Verhalten einer Fünf kann zum Grundmuster werden; darum sind manche dieser Menschen der Meinung, feinere Sinne wie die Intuition seien unwichtig.

Die Zahl 23 symbolisiert Diskretion und eloquente Zartheit. Die Quersumme ist eine unruhige, aber konsequente 5 (ansonsten ist Konsequenz bei der 5 selten). Zudem ist die 23 sehr eitel, wenngleich mit viel Humor. Anfangs ist die 23 eher eine jugendliche 5, aber mit der Zeit wird sie reifer und erwachsener, obwohl sie immer eine 5 bleibt. Insofern ist die 23 eine „einfache" Zahl, weil sie dem üblichen Entwicklungsschema (von jung zu alt) folgt.

Die 32 ist dagegen das wieder geborene Kind, das Baby (3), das in die Vorhölle (2) abgestiegen und als gestärkte 5 wieder aufgetaucht ist. Diese Zahl symbolisiert die goldene Dämmerung, die wir erleben, wenn wir das Hindernis der 31 überwinden. Es gibt 32 kabbalistische Pfade der Weisheit. Der Glanz der 3 wird durch die Sanftheit der 2 gefiltert; aber die 32 kann für auch geschickte und redegewandte Lügner stehen.

Die 5 ist eine Feuerzahl und eine rote Zahl. Sie interessiert sich für alles, was verborgen, esoterisch, okkult, mysteriös oder exotisch ist. Sie ist die Zahl des Feuers, aber auch des Äthers, des abstrakten Elements, aus dem alle anderen hervorgegangen sind. Darum befasst sie sich mit Ritualen, Hexerei, Sexualmagie, Drogenmagie, Heidentum und anderen Phänomenen, die sowohl positive als auch negative Folgen haben können.

6 – Sechs

Analogien: Harmonie, Geselligkeit, Streben nach Vollkommenheit und Versöhnung, Familie, Stabilität, Besorgtheit, Verantwortungsgefühl, Fürsorglichkeit, Treue, Eifersucht, besitzergreifend, Abscheu, Unterbrechung, konservativ, Unentschlossenheit, Abhängigkeit, schlechtes Urteilsvermögen, Wasser, Grün.

Analyse: Da jede Zahl gegen ihre Vorgängerin wirkt, hat die ungezügelte 5 in der traditionalistischen 6 ihr Gegenstück. Während die 5 den Wettbewerb sucht, will die 6 akzeptieren. Sie ist die Zahl der Familie und zu tiefer Zuneigung fähig. Die 6 steht für Menschen, die nach Vollkommenheit streben, jedoch nicht im Sinne der 7. Man könnte sagen, dass die 7 in gewissem Sinne Perfektion erreicht, während die 6 diese zwar sucht, aber nicht einmal annähernd erreicht, weil sie zu voreingenommen ist. Die 6 sehnt sich nach sozialer Anerkennung, und was ihre Vorstellung von Vollkommenheit anbelangt, hält sie die Stimme der Menschen für die Stimme Gottes. Wenn sie akzeptiert wird, fühlt sie sich wohl; wenn nicht, fühlt sie sich als Aussätzige – und das ist das Allerschlimmste für eine 6. Beachten Sie, dass sowohl die 5 als auch die 6 die Anpassung an die Umstände symbolisieren, jedoch auf unterschiedliche Weise: Während die 5 mit ihrer Umgebung radikal verschmilzt, will die 6 vernünftig und diplomatisch vorgehen und den mittleren Weg gehen – das schließt Weisheit, aber auch Heuchelei ein. Die 6 mag keine Polemik, vielleicht deshalb, weil sie eine mathematisch perfekte Zahl ist, nämlich das Ergebnis der Addition ihrer Divisoren (1,2,3). Die 6 entsteht aber auch, wenn man diese drei Zahlen multipliziert, was ihre Beliebtheit verstärkt. Deshalb möchte die 6 mit allen Menschen gut auskommen, was jedoch unmöglich ist.

Wir erhalten ebenfalls eine 6, wenn wir die 2 (weiblich) mit der 3 (männlich) multiplizieren. Das Produkt ist die Familie: Mann und Frau vermehren sich und bekommen Kinder. Beachten Sie, dass Sex für die 6 der Fortpflanzung dient, während er für die 5 vor allem Lust bedeutet.

Alle Dreierzahlen, etwa 3, 6 und 9, haben etwas mit Kommunikation, Kunst und Ausdruck zu tun. Die 6 ist nicht so kreativ wie die 3, aber produktiver. Für die Pythagoräer war die 6 die Vervollkommnung der Teile. Nach jeweils 216 Jahren (die 3. Potenz der 6) wird demnach alles neu geschaffen.[17]

Sechser sind meist sehr menschenfreundlich. Darum schuf Gott den Menschen am sechsten Tag. Der „sechste Sinn" vereinigt die 5 anderen und fügt ihnen etwas hinzu.

Die Suche nach Stabilität in der Liebe kann dazu führen, dass ein Mensch das Objekt seiner Liebe unbedingt für sich behalten will und deshalb in einen Käfig sperrt. Andererseits ist die 6 die treuste aller Zahlen, was ihre Abneigung gegen das Neue erklärt.

Die wichtigsten Zusammensetzungen sind 15, 24 und 33. Die 15 ist die instinktivste, leidenschaftlichste und kühnste 6. Als Produkt von 3 x 5 ist sie eine sehr hybride 6, die Laszivität mit Schuldgefühlen vermischt. Starke Sinnlichkeit und Aggressivität sind die Folge. Völlig anders ist die 24, eine ganz weibliche Zahl, bestehend aus der 2 und der 4, die in man-

---

17 W. Wynn Westcott, *Numbers: Their Occult Power and Mystic Virtues*, S. 64

cher Hinsicht schwach sind. Beide haben keinen besonders guten Einfluss auf die 6, weil diese ohnehin viel zu sentimental ist. Insofern ist die 24 eine ganz besondere Zahl, schwach und verletzlich. Sie betont die schlimmsten Aspekte der 6, zum Beispiel Eifersucht und Mangel an Selbstvertrauen. Trotzdem ist sie nicht unbedingt ein Fluch oder ein Grund zum Pessimismus. Die 6 spiegelt ja einen Menschen wider, der die 24 Stunden des Tages zu einem imaginären Drama macht, und es gibt mehrere Möglichkeiten, diese Energie in positive Kanäle zu lenken. Die 24 ist die doppelte 12; diese ist die Zahl des Opfers, und die 24 ist eine Art Martyrium. Die 24 irrt sich, weil sie stur ist, und das weiß sie im Voraus. Dies ist der Hauptunterschied zwischen der 12 und der 24. Die 12 lernt, während die 24 sich selbst martert. Und die 33 symbolisiert die Befreiung, eine erfrischende spirituelle Erleuchtung, die allerdings so intensiv ist, dass sie auch Angst einflößen kann, als würde man mit bloßem Auge in die Sonne schauen und geblendet werden. Alle diese Zahlen lassen sich durch Teilung auf 3 reduzieren, was die obigen Ausführungen bekräftigt.

7 – Sieben

Analogien: Intelligenz, Umsicht, Nüchternheit, Studium, Meditation, Gelehrsamkeit, Analyse, Philosophie, Tiefe, Spiritualität, Religion, Kritik, Innenschau, Isolierung, Zynismus, Boshaftigkeit, Kälte, das Alte, Tradition, Luft, Gehirn.

Analyse: Die 7 ist als einzige unter den ersten zehn Zahlen weder ein Multiplikator noch ein Divisor einer anderen. Die 1 ist zwar eine Ausnahme, aber sie ist, wie bereits erwähnt, nicht *eine* Zahl, sondern *die* Zahl. Das sagt uns einiges über den Charakter der 7. Sie neigt sehr stark dazu, sich von der

Umwelt zu isolieren. Es ist, als stünde die 7 immer außerhalb einer Situation, analysierend und kritisierend.

Spiritualität wird meist mit Stille assoziiert. Die 7 ist wohl die wichtigste Zahl in jeder Religion, denn sie ist die Zahl der Lebenszyklen: 7 Wochentage, 7 Tage der Mondphasen, Erneuerung von Zellen in Siebenerzyklen, 7 Noten, 7 Regenbogenfarben, 7 Chakras, 7 Öffnungen im Gesicht (Symbole der 7 Sinne und des Strebens nach Weisheit). Nach der Genesis[18] schuf Gott die Welt in 7 Tagen. Allerdings war der 7. Tag kein eigentlicher Schöpfungstag, sondern ein Tag der Ruhe und der Meditation. Manche Pythagoräer hielten die 7 für ein Symbol der Einheit zwischen Mensch und Gott, weil sie die Summe von 3 + 4 ist. Als Jesus gefragt wurde, wie oft man einem anderen vergeben solle, antwortete er: „Nicht siebenmal, sondern siebzigmal siebenmal."[19] In der Apokalypse ist übrigens von 7 Kirchen, 7 7-armigen Leuchtern, 7 Sternen, 7 Trompeten, 7 Hörnern, 7 Kelchen, 7 Engeln, 7 Siegeln, 7 Flagellanten, einem Drachen mit 7 Köpfen und einem Lamm mit 7 Augen die Rede.

Die wichtigsten Zusammensetzungen der 7 sind die 16 und die 25, die offensichtlich Gegensätze sind. Die 16 ist ein Gewitter, das Unrat wegspült und alles vernichtet, was gegen die Natur ist, selbst wenn wir daran gewöhnt sind. Das erinnert an Shiva, der nach der *Bhagavadgita* für die Unwissenheit und die Zerstörungen in der materiellen Welt verantwortlich ist.[20] Die 16 zerstört nur, was bereits faul ist. Das ist fast immer eine nützliche Zerstörung, einerlei, wie unange-

---

18 Der Autor benutzt die *New English Bible with Apocrypha* (New York: Oxford University Pres, 1971).

19 Matthäus 18:22

20 Von der Bhagavadgita gibt es zahlreiche Ausgaben (meist in Auszügen), auch in deutscher Sprache.

nehm sie für uns sein mag. Wenn wir es mit einer 16 zu tun haben, wäre Widerstand gegen die Zerstörung der größte Fehler – wir würden nur Abfall anhäufen. Das Anhaften ist die Quelle des Leidens. Einige Aspekte der 16 sind jedoch die schlimmsten Seiten der 7, zum Beispiel Fanatismus, Skepsis, Depression und Pessimismus. Eine andere Seite der 7 spiegelt die 25 wider, nämlich ihre intuitivste und kühnste Seite – sie vermischt also Dualismus mit Veränderlichkeit. Menschen, die mit der 25 verbunden sind, besitzen zwar eine gute Selbstbeherrschung, aber in ihrem Inneren grollt ein Vulkan, so dass sie von einem Extrem ins andere fallen (ähnlich wie die 5).

Wenn wir die Zahlen von 1 bis 7 zusammenzählen, erhalten wir 28, die vollkommene Zahl. Die Zahlen von 1 bis 16 ergeben 136 (Quersumme 10), die Zahlen von 1 bis 25 liefern 325 (Quersumme 10). Alle sind auf 1 reduzierbar und stärken somit die Individualität der 7. Ich bezeichne die 7 als „falsches Yin", denn sie ist zwar männlich, yang und ungerade, aber auch schwach und zerbrechlich. Das liegt an ihrer Zurückhaltung und ihrer Neigung zur Innenschau, die oft als Schüchternheit missverstanden werden. Gewiss, die 7 ist eine gründliche und diskrete Zahl, aber sie ist auch sehr robust und seelisch stark.

Die 7 fragt vor allem nach dem Warum und hat eine Vorliebe für die Philosophie. Beides ist die Wurzel ihres Wissens und ihrer intellektuellen Natur. Alles, was alt und antik ist, zieht sie an, und darum symbolisiert sie Traditionen, die alten Zeiten und untergegangene Kulturen.

8 – Acht

Analogien: Gerechtigkeit, Regulierung, materielle Angelegenheiten, Karma, Wahrheit, Berichtigung, Logik, das Objektive, Wohlstand, Verwirklichung, Verwaltung, Geradlinigkeit,

Militarismus, Macht, Ehrgeiz, Rache, Unterdrückung, Gewalt, Erde, Knochen, Gesetz, Recht.

Analyse: Während die 7 das Denken und den Geist symbolisiert, steht die 8 für den Körper und die Materie, für Geld, Reichtum und Gesundheit. Wenn wir die beiden Temperamente vergleichen, könnte die 7 eine Angestellte und die 8 ihre Chefin sein. Nachdem die 7 den Geist erobert hat, kümmert die 8 sich um die Erhaltung der Materie – um Rechnungen und um das körperliche Wohl. Die Materie ist nicht der Feind des Geistes, so wie die Nacht nicht der Feind des Tages ist. Aber wir fürchten uns natürlich vor allem, was wir nicht ganz im Griff haben, und manche Menschen versuchen zu beherrschen, was sie fürchten. Es ist sinnlos zu sagen: „Materie existiert nicht", wenn ein Objekt genau neben uns steht, so dass wir es sehen und berühren können. Allerdings können wir viele verschiedene Meinungen dazu haben. Die Kirchen haben das Materielle lange als böse und unrein verunglimpft und dabei vergessen, dass das Physische zu einem Teil unseres spirituellen und materiellen Wachstums wird, wenn wir uns mit seinen vielen Aspekten auseinander setzen. Die liegende Ziffer 8 ist ein schlagender Beweis dafür, denn sie ist ein Möbiusband, das die Unendlichkeit mit dem Endlichen verbindet. Die Materie ist also ein Weg zum Geist.

Einige Aspekte der 8 sind nicht sonderlich edel. Sie kann überaus gierig, autoritär und anspruchsvoll sein. Bisweilen vergisst eine degenerierte 8 den Weg der 7, den Weg des Denkens und der Seele. Dann wird die 8 so künstlich und leer wie ein gelangweilter Reicher. Ein altes griechisches Sprichwort sagt: „Alles ist acht."[21] Die 8 ist ein falsches Yin, das

---

21 W. Wynn Westcott, *Numbers: Their Occult Power and Mystic Virtues*, S. 82

genaue Gegenteil der 7, des falschen Yang. Die Ziffer 8 gleicht einem Hai und kann ebenso aggressiv (und dumm) sein. Aber ihre Angriffe dienen nur der Selbstverteidigung. Mitunter führt ein Mangel an Selbstvertrauen zum Sieg; denn manche Menschen bemühen sich verzweifelt um Erfolg, weil sie sich dahinter verstecken können. Die 8 trägt eine Rüstung und sieht gewaltig aus; doch in Wahrheit versteckt sie sich darin. Die typische Spannung der 8 entsteht, weil es anstrengend ist, eine Rüstung als zweite Haut zu tragen. Manche Achter neigen zu gelegentlichen Gefühlsausbrüchen, um angestaute Energie loszuwerden.

Die wichtigsten Zusammensetzungen der 8 sind 17 und 26. Die 17 gilt als günstig, weil sie mit Nuit, der ägyptischen Göttin der Nacht, verbunden ist, deren Leib den Sternen als Wohnung dient. Die 1 in der 17 steht vor allem für eine günstige Yang-Polarität, so wie bei allen Zahlen zwischen 10 und 19. Diese starke Energie wird durch die 7 kanalisiert, die zwar yang, aber auch „falsch yin" ist. Sie beseitigt Probleme und verleiht der 1 mehr Konzentration. Die Quersumme 8 steht dann der Mitte näher als eine 8, die aus der 26 hervorgeht. Die 26 hat das gleiche Problem wie die 24: Sie ist ganz yin, weil die 2 die Idee beherrscht, die durch die 6 geht und bei der 8 endet. Wenn Sie sich die Zahlen verbunden vorstellen, erkennen Sie die Schwäche dieser Kombination. Dennoch kann man Kraft und Erleuchtung auch auf dem Weg der 24 und der 26 finden; aber nur als ganz besonderer Mensch, der ein schwarzes Loch in den Griff bekommen kann – denn das sind diese Zahlen. Sie enthalten keine Materie, sondern Antimaterie. Das ist eine Reaktion auf die Materie, nicht etwa deren Nichtexistenz, die eher ein Attribut der 0 wäre.

9 – Neun

Analogien: Dreifache Trinität, Evolution, Impuls, Entwicklung, Dynamik, Kreativität, Liberalismus, Menschenfreundlichkeit, Internationalität, Grenzenlosigkeit, Sympathie, Hast, Handlung, Übertreibung, Schnüffelei, Nervosität, Auflösung, Emotionalität, Feuer, Vision, Größenwahn.

Analyse: Diese Zahl steht für das Ende der archetypischen Reise der Grundzahlen. Nach der 9 sind alle Zahlen Wiederholungen der Archetypen, abgesehen von den Meisterzahlen 11 und 22, die *Transformationen* der Grundzahlen sind. Diese Transformation und Entwicklung ist typisch für die 9; denn wenn wir 9 zu einer anderen Zahl addieren, erhalten wir eine zusammengesetzte Zahl, die wieder zur ersten Zahl wird, wenn wir sie zerlegen. Ein Beispiel wäre 7 + 9 = 16 und 1 + 6 = 7. Wenn die 9 mit einer anderen Zahl zusammenarbeitet, schiebt sie diese also eine Stufe höher. Darum ist sie eine sehr evolutionäre Zahl, die allerdings auch aufdringlich sein kann, weil sie gerne Menschen hilft, die gar keine Hilfe haben wollen.

Trotz der vielen menschlichen Tugenden der 9 dürfen wir nicht vergessen, dass sie eine Yang-Zahl ist und daher ein großes Ego hat. Das wird deutlicher, wenn wir daran denken, dass jede Zahl, die mit 9 multipliziert wird, sich wieder auf 9 reduzieren lässt. Ein Beispiel wäre 9 x 5 = 45 und 4 + 5 = 9. Wenn wir auch die Extreme der anderen Grundzahlen addieren, erhalten wir wiederum 9, wie Abbildung 5 zeigt.

Die Zahl 9 symbolisiert göttliche Manifestation auf drei Ebenen: auf der Welt der Seele, der Welt des Geistes und der Welt der Materie. Sie ist zudem eine wichtige Zahl in der Kosmogonie der Druiden, wie die 81 Triaden illustrieren, die Grundlage dieses Systems. Da 9 das Ergebnis von 3 x 3 ist, bringt sie die dreifache Trinität hervor und ist somit eine en-

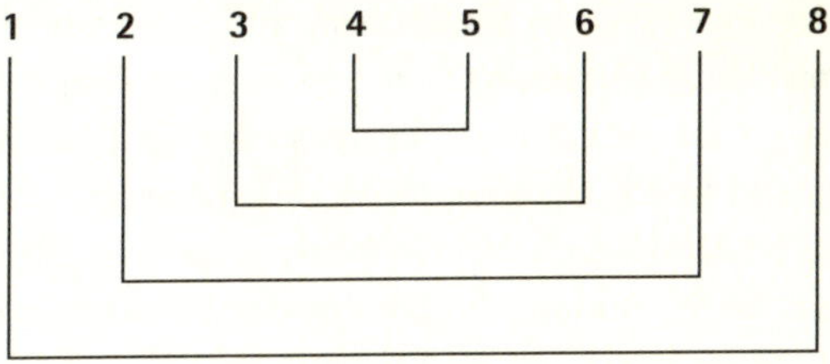

Abbildung 5: Die Extreme der Grundzahlen

ergische und magnetische Zahl. Neuner-Menschen sind oft unruhig und impulsiv, nie langweilig, aber leicht gelangweilt. Weil die 9 alle vorherigen Archetypen enthält, können diese Menschen kaum Vorurteile haben. In ihren Augen sind der Soldat und der Staatspräsident gleich; denn die 9 schließt ja die Eigenschaften beider (und viele andere Eigenschaften) ein. Diese Qualität verstärkt ihre Tendenz zur Übertreibung und zum Größenwahn; aber das ist leicht verzeihlich, wenn wir begreifen, dass die 9 alle anderen Zahlen zum Wachstum anregt. Sie ist alles andere als eine diskrete Zahl; sie liebt Szenen und benimmt sich, als wären die Straßen eine virtuelle Bühne.

Da die 9 eine Grenze symbolisiert, steht sie zugleich für deren Überschreitung – denn dafür sind Grenzen da. Für die 9 gibt es keine echten Grenzen, nicht genug Sprachen zum Lernen, nicht genug Länder zum Bereisen, nicht genug Menschen, die man kennen lernen sollte. Es ist nie genug. Wenn eine 5 einer 9 begegnet, dürfen wir Bewegung, Wandel, plötzliche Entschlüsse und dergleichen erwarten.

Die wichtigsten Zusammensetzungen der 9 sind 18 und 27. Die 18 gilt als düster und als Symbol des dunklen Unbewussten, der Büchse der Pandora in uns allen, gefüllt mit Furcht, Unsicherheit, Hass, Lust, Neid, Gier – mit all den Gefühlen, die wir gerne verbergen und leugnen. Aber das

Leugnen verstärkt diese Emotionen, und wenn wir uns mit ihnen nicht auseinander setzen, tun wir so, als gäbe es sie nicht. Mit der 18 können wir uns ihnen stellen und haben gute Aussichten, die Probleme zu lösen, die mit unserer dunklen Seite zusammenhängen. In uns wohnt sowohl ein Dämon als auch ein Engel, und die Furcht vor der Dunkelheit ist die Furcht vor unserem inneren Dämon. Aber „für den Reinen ist alles rein, und für den Unreinen ist alles unrein und verrottet“[22]. Im Numerogramm religiöser Führer taucht die 18 sehr oft auf – ihre dunkle Seite hat sie also veranlasst, nach dem Licht zu suchen. Die 18 ist auch mit der 666 verbunden (6 + 6 + 6 = 18), einer Zahl, die sowohl heilige als auch profane Aspekte aufweist, je nach Standpunkt. Die 27 kann die 9 dagegen beruhigen (sofern das möglich ist), weil die langsame 2, vermischt mit der vernünftigen 7 der 9 eine feste Grundlage geben, auf der sie sich ohne Angst ausbreiten kann.

11 – Elf

Analogien: Offenbarung, Originalität, Zeitlosigkeit, Exotik, Inspiration, Idealismus, Extravaganz, Modernismus, Fanatismus, Torheit, Erleuchtung, Verständnislosigkeit, schwierige Kommunikation, Erniedrigung, Luft, ein neues Jahrtausend.

Analyse: Dies ist eine der komplexesten und faszinierendsten Zahlen. Sie ist polemisch und gilt manchen als Fluch, anderen als heilig. Ihrer Natur nach ist sie wandelbar und undefinierbar. Zweimal die Ziffer 1 ergibt eine 11. Diese hat also eine

---

22 *O Caibalion*, übers. v. Rosabis Camaisar (Sao Paulo : Pensamento, 1978). Eine englische oder deutsche Übersetzung liegt nicht vor; aber es gibt viele andere Bücher über die Kabbala, und wer sich für umerologie interessiert, sollte sich damit beschäftigen, um die Symbolik besser zu verstehen, um die es mir hier geht. Lesenswerte Autoren sind Halevi, Kaplan, Crowley, Fortune, Levi und Gray, die jeweils aus einem anderen Blickwinkel schreiben.

doppelte männliche Komponente; aber wenn wir sie reduzieren, erhalten wir die 2, das Symbol des Weiblichen! Das ist seine sehr gemischte, zweideutige, sogar androgyne Symbolik. Es ist kein Problem, eine männliche Energie zu erkennen; denn der Elfer-Mann mag zwar in gewisser Hinsicht androgyn sein, aber niemals wirklich feminin. Das Gleiche gilt für Elfer-Frauen, weil die 11 nicht im Getto leben kann und sich nicht gerne etikettieren lässt – denn das Mysterium ist Teil ihres Charmes.

Die 11 steht immer ganz vorne. Sie ist sehr avantgardistisch und hat ein gutes Gespür für künftige Trends. Dies ist die Zahl der Offenbarung: Es gab 11 treue Apostel, die Jesu Botschaft verbreiteten.[23] Trotzdem zitiert das so genannte antichristliche *Buch der Gesetze* Nuit: „Meine Zahl ist 11."[24] Der schlechte Ruf der 11 in esoterischen und religiösen Kreisen ist dennoch ebenso hysterisch wie die Furcht vor der 2. Das sind Vorurteile, die derselben Quelle entspringen. Es ist kein Zufall, dass die Zahlen, welche die Große Mutter symbolisieren, in unserer modernen, von Männern dominierten Gesellschaft nebst ihren Religionen dämonisiert werden. Die Juden wissen beispielsweise, dass die 11 die Zahl der Lilith ist, und manche hassen die 11, weil Lilith sich dem Manne nicht unterworfen hat. Sie war Adams erste Frau und wurde vor ihm (oder mit ihm) geschaffen. Barbara Black Koltuv bezeichnet Lilith als abtrünnigen Instinkt, den Gott auf die niedrige Ebene gesandt hat, damit er bei den Menschen lebe.[25] Unsere Einstellung zur Menschheit bestimmt, was wir sind und sein werden: Was also werden wir sein, wenn wir uns als

---

23 Jorg Sabellicus, *A Magia dos Números*, S. 36
24 Aleister Crowley, *The Law is for All*, S. 50
25 Barbara Black Koltuv, *The Book of Lilith* (York Beach: Nicolas-Hays, 1986), S. 20-26

die niedrigsten aller Kreaturen auf der niedrigsten Ebene betrachten?

Die 11 steht für Erleuchtung, aber auch für geistige Verwirrtheit. Traditionelle Kabbalisten verbinden sie mit den 11 negativen Sephirot. Dion Fortune schreibt dazu: „Die Formeln, die Crowley benutzte, würden traditionelle Kabbalisten für ungünstig und böse halten, weil er bei magischen Zeremonien nicht 10, sondern 11 Serien von Schlägen ausführte und weil die 11 die Zahl des Qliphot, des dämonischen Sephirots, ist. Wer eine Serie von 11 Schlägen verabreicht, ruft demnach Qliphot herbei."[26] Katholiken halten die 11 für die Zahl der Sünde und der Reue, weil sie die Zahl der Gebote (10) übertrifft, aber kleiner als die 12 ist, die christliche Zahl der Gnade und Vollkommenheit. Augustinus behauptete angeblich, die 11 sei das Symbol der Sünde.[27] Sie ist jedoch die Summe der 5 und der 6, vereinigt also den Mikrokosmos mit dem Makrokosmos, wie das Pentagramm der Rosenkreuzer illustriert. Pythagoräer waren der Meinung, die 11 symbolisiere den Beginn einer höheren Bewusstseinsebene. Wir können daraus folgern, dass diese Zahl wie jede andere Kraft gebraucht oder missbraucht werden kann. Es gibt einen Weg der Ziege und einen Weg der Schlange.

Elfer-Menschen sind meist mutig, originell, arrogant und „anders". Sie kümmern sich nicht darum, ob sie freundlich sind, sondern sind, wer sie sind, egal, wer sie sein mögen! Sie sind Kanäle der Intuition und der Erd-Energie.

Die wichtigsten Zusammensetzung der 11 ist die 29. Diese Zahl ist eine sanftere, geselligere 11, die jedoch auch nicht ganz

---

26 Dion Fortune, *Applied Magic* (London: The Aquarian Press, 1981), S. 65; neu erschienen bei Samuel Weiser, 2000

27 Françoise-Xavier Chaboche, *Vida e Mistério dos Números*, S. 161

normal ist. Addiert man die Zahlen von 1 bis 11, erhält man 66, die Zahl des Gleichgewichts und der Vollkommenheit.

Die 11 ist die wahre Zahl des neuen Zeitalters. Eliphas Levi schrieb über sie: „Die 11 ist die Zahl der Gewalt, des inneren Kampfes und des Martyriums ... Christus starb zwischen zwei Dieben, und einen von ihnen nahm er mit in den Himmel."[28]

22 – Zweiundzwanzig

Analogien: Desinteresse, Distanz, Passivität, Zusammenarbeit, Erkenntnis, Menschenfreundlichkeit, Auflösung, Kühnheit, Intensität, Arbeit, Hindernisse, Unterdrückung, Unfähigkeit, Ruin, Größenwahn, Weisheit, Intuition, Wahrnehmung, Logik, Idealismus, Wasser, Leistung.

Analyse: Dies ist die zweite und letzte Zahl, die wir nicht zerlegen oder reduzieren dürfen. Ihr Schatten ist die 4, und da die 22 eine sehr hohe, schwer zu erreichende Schwingungsfrequenz besitzt, ist es leichter, eine 4 zu sein, anstatt die speziellen Fähigkeiten der 22 zu entwickeln. Die Mission der 22 ist einzigartig, denn die Hindernisse sind so zahlreich, dass nur eine spirituelle Bergsteigerin wie die 22 diesen Weg gehen kann. Wenn die 22 jedoch beschließt, lieber die Eigenschaften der 4 anstatt ihre eigenen Talente zu nutzen, gleicht sie einem Spezialisten, der vorgibt, sich auf seinem Fachgebiet nicht auszukennen. Es steht jedem frei, dies zu tun; aber es ist schade, wenn ein Zweiundzwanziger sich davor fürchtet, brillant, kosmopolitisch, tiefgründig und auf universelle Weise interessant zu sein; denn das sind die Hauptunterschiede

---

28 Eliphas Lévi, *The Key of the Mysteries* (London: Rider, 1959, New York: Samuel Weiser, 1971), S. 42

zur 4, die all diese Attribute ebenfalls besitzen kann, wenn auch unauffälliger und begrenzter. Bisweilen verfällt eine 22 allerdings in Größenwahn. Dann sollte man ihr Umsicht empfehlen, die typische Eigenschaft der 4.

Die 22 ist eine radikale Zahl. Das ist die 11 ebenfalls, aber diese erste Meisterzahl beherrscht ihre Umgebung auf subtile Weise, während die 22 sich beherrschen lässt – sie ist ein Tunnel, durch den der Wind weht, so wie jede weibliche Zahl. Beide Zahlen haben eine Mission; doch die 11 will am Steuer sitzen, während die 22 kein Bedürfnis verspürt, von anderen etwas zu verlangen. Ihr genügt es, einfach die Augen zu schließen und eine andere Macht durch sich sprechen zu lassen.

Die 22 symbolisiert transzendentale Fürsorge. Ihre Kraft ist im Grund eine Antikraft, eine verhüllte Energie; sie wird durch Passivität aktiv und durch Hingabe frei, indem sie ihr niedriges Selbst verleugnet und dadurch das höhere Selbst stärkt. Aber die 22 leidet oft an den gleichen Problemen wie die 24 und die 26: Sie ist „zu gerade" und zu passiv. Der einzige Unterschied besteht darin, dass die 22 nicht reduziert wird (dann wäre das Ergebnis 4); darum wirkt der Yin-Einfluss nicht so wie bei diesen beiden problematischen Zahlen. Da die 22 eine Meisterzahl ist, setzt sie sich mit ihrer Passivität auf verschiedenen Ebenen auseinander. Zum Beispiel kann sie ihre Passivität sogar noch betonen und dadurch eine Erleuchtung herbeiführen. Das ist der Weg des Lamms oder der Taube. Wenn sie den Weg der Taube und der Schlange verbindet, geht sie den Weg des Abrasax (33).

Es gibt 22 Große Arkanen im Tarot, 22 Buchstaben mit Zahlenwert im hebräischen Alphabet und 22 Kapitel der Apokalypse. Nach Isidoro de Seville schuf Gott während der ersten sechs Tage der Schöpfung 22 Dinge: am ersten Tag die formlose Materie, die Engel, das Licht, die hohen Himmelsregionen, das Wasser und die Luft; am zweiten Tag das Firmament; am dritten Tag das Meer sowie Samen, Kräuter und Bäume; am vierten Tag Sonne, Mond und Planeten; am fünften Tag Fische, Wasser- und Landreptilien sowie Vögel; am sechsten Tag Tiere, Haustiere und den Menschen.[29]

Menschen mit der 22 im Numerogramm sind meist sehr fortschrittlich und erfolgreich; aber sie können auch extrem gehemmt und verspannt sein. Manchmal reden sie, als seien sie im Alleinbesitz der Wahrheit; dennoch sind sie sehr großzügig und wollen ihr Wissen mit anderen teilen. Manche kann der Größenwahn jedoch vernichten.

In der *Bhagavadgita*, Kapitel 8, Vers 22, steht, dass die höchste Person Gottes, die größer ist als alles andere, nur durch reine Hingabe zu erreichen ist.

Weitere Zahlen

Werfen wir nun einen kurzen Blick auf einige weitere zusammengesetzte Zahlen, damit Sie ihre fundamentale Symbolik verstehen und bei der Arbeit mit ihnen berücksichtigen können.

34/7: Streben nach Unabhängigkeit, Führung, Kreativität, elitäres Gehabe, Grobheit, Kritik, Intelligenz, Methode, Strenge, Formalität, Ungeduld. Diese Menschen sind anfangs schnell, halten ihren Rhythmus aber nicht durch – sie werden oft langsam und schwach.

---

29 Jorg Sabellicus, *A Magia dos Números*, S. 37

35/8: Expansion, erwachsen werden, Entwicklung, großer Ehrgeiz, Eitelkeit, Reichtum, Gewandtheit, Attraktivität, Zweideutigkeit, Gleichgewicht zwischen Yin und Yang, Wandel, Dynamik, Modernität, Arroganz, Narzissmus.

36/9: Erfüllung, Totalität, Universalität, Entschlossenheit, Beharrlichkeit, Fantasie, Anpassungsfähigkeit bei Hindernissen, Mitgefühl, Inkonsequenz. Die Pythagoräer benutzten diese heilige Zahl bei Treueschwüren. Zählt man die Zahlen von 1 bis 36 zusammen, erhält man 666, die Zahl des magischen Sonnenquadrats.[30]

37/10/1: Unabhängigkeit, Furchtlosigkeit, Kühnheit, Führung, geistige Kraft, Reife, Unversöhnlichkeit, fruchtbare Fantasie, egozentrisch oder sogar grob, theoretisch, dominierend.

38/11: Intuition, Vision, die Fähigkeit, revolutionäre Ideen dem bisherigen Weltbild anzupassen, Reichtum, ein Gemisch aus Kreativität und Geschäftssinn, prophetische Träume, Gefahr der Hemmungslosigkeit, tiefe Wahrnehmung subtiler Energien.

39/12/3: Romantik, Zartheit, Sinn für Humor, Reife, Temperament, eher theoretisch als praktisch, Verzögerung, Gemeinschaft, Forschung, Wissen. Dies ist eine Zahl der Ruhe und des Friedens, da sie von der 12 kommt; dennoch ist sie dank der 39 sehr intensiv.

---

30 P.-V. Piobb, *Formulário de Alta Magia* (Rio de Janeiro: Francisco Alves, 1982), S. 165-174

40/4: Diese Zahl kündigt Hindernisse an, die jedoch Wissen vertiefen und Chancen eröffnen. Läuterung vor der Erkenntnis: Jesus fastete vor seiner Erleuchtung 40 Tage in der Wüste. Organisation, Disziplin, traditionell, unflexibel, Unterbrechungen; hilft beim Erwerb von Macht.

41/5: Vielseitigkeit, Anpassungsfähigkeit, Mut, Söhne und Töchter, feste Grundlage, Sicherheit trotz Risiko, Kühnheit, Potenz, Fruchtbarkeit, Träume werden wahr. Der Erfolg kann den Charakter verderben.

42/6: Kabbalisten glauben, Gottes wahrer Name enthalte 42 Buchstaben. Feste Grundlage für etwas Zerbrechliches (wie ein Eisenständer für ein Kristallglas). Mit Besitzgier, Eifersucht und all den Problemen einer doppelt geraden zusammengesetzten Zahl ist zu rechnen. Die Zahl 4 in der Yang-Position ist aber nicht so ungünstig wie die 2 in dieser Position (etwa in der 24).

43/7: Wurzeln, Festigkeit, starker Geist, Autorität, Intelligenz, Diplomatie, Schwanken, Zögern. Der Anfang fällt der 43 immer schwer; sie braucht Zeit für die ersten Bewegungen. Beständigkeit, Geiz, ein vertrauenswürdiger Mensch, Diskretion, gute Gesundheit trotz Neigung zum Laster.

44/8: Die Macht der Erde, das Fundament, Widerstand, Ausdauer, Geduld, Glaubwürdigkeit, hohe Anforderungen. Die 44 muss hart kämpfen, ehe sie bekommt, was sie will. Umsicht, Materialismus, Skepsis, Vorurteile, Illusion, möglicherweise Völlerei.

45/9: Mystik, Angst, Dynamik, Unruhe, Kommunikation aus der Distanz, mediale Energie, einflussreiche Freunde, Söhne und Töchter, Hast.

46/10/1: Materielle Macht, Stärke, gesellschaftlicher Einfluss, Gesetze und Akten, anspruchsvoll, aber nicht diktatorisch, Vetternwirtschaft, sehr beschäftigt, Schläue, Überzeugungskraft, Spontaneität.

47/11: Intuition, aber mit der Neigung, ihr aus „Vernunftgründen" nicht zu folgen. Mangel an Spontaneität. Eine interessante Zahl, wenn man sich ihrer Widersprüchlichkeit bewusst ist und versucht, sich auf die Ziele der 11 zu konzentrieren; besser als der addierte Ernst der 4 und der 7, der eine 11 ersticken kann.

48/12/3: Langsamkeit, Angst, Faulheit, vergeudete Chancen, Mangel an Selbstachtung. Ein freundlicher, sanfter, aber schüchterner und zögerlicher Mensch.

49/13/4: Erfolg trotz ungünstiger Bedingungen – die Folge einer Besessenheit. Die 49 bekommt auf spontane und seltsame Weise immer Hilfe, aber sie kann wegen ihrer Neigung zur Heimtücke in Schwierigkeiten geraten. Empfindsamkeit unter einer rauen Maske, großer Ehrgeiz, der sich hinter Bescheidenheit verbirgt.

50/5: Libido, Sexualität, Sinnlichkeit, Gelassenheit, Anzüglichkeit, Reisen, Bewegung, Internationalismus, Unbeständigkeit. Eine Neigung, das Leben leicht zu nehmen und manches leicht zu verlieren. Abwechselnd zurückhaltend und gesellig.

51/6: Kreativität, Kunst, Gewandtheit, ein Kämpfer, ein Störenfried, ein Streit, Kampf, Gesetz; ein Opfer, das belohnt wird; zu arrogant; brillant, aber ungeduldig; Ungewissheit, an der zu hohe Ansprüche schuld sind.

52/7: Angst, Hast, autoritär. Meditation fällt leicht. Braucht Meditation, um innere Konflikte zu lösen. Kann grob, geizig oder kalt sein.

53/8: Menschen, die vieles gleichzeitig erledigen wollen und es schließlich auch schaffen. Schlecht organisiert, aber Methode in der Unordnung. Vernunft, Objektivität, Geziertheit, Sinn fürs Detail, eine Herausforderung, Mut, Expansion.

54/9: Einige Hindernisse müssen überwunden werden, damit die 5 und die 9 spontan und flüssig fließen können. Verwirrung als Folge von Unbeherrschtheit und schlechtem Gewissen. Muss Impulse zuerst ordnen und dann ein Ventil für sie suchen.

55/10/1: Große Energie, Aufregung, Reisen; die Fähigkeit, zu überzeugen und Ideen zu vermitteln; Sexualität, Pioniergeist, Überschwang, Schläue, Hinterlist, Ironie, Zynismus, Interesse an Religion und Philosophie.

56/11: Eine mächtige Zahl, Mikrokosmos plus Makrokosmos, vollkommene Intuition, Gleichgewicht, Originalität, richtige Entscheidung, Sinn für das Schöne. Sollte nicht zaudern, um die Kühnheit und Energie dieser Zahl nicht zu vergeuden.

57/12/3: Verborgene Impulsivität, Widerspruch zwischen Wunsch und Tat. Scheinbar geizig, doch in Wahrheit leidenschaftlich. Klug und intelligent. Die 57 symbolisiert Menschen, die andere Standpunkte gut verstehen. Wohltätigkeit, Opfer, Ängste.

58/13/4: Innenschau, egozentrisch, Pause, Halt, Einsamkeit, eine Anpassung bewirkt eine Transformation. Muss arbeiten, um die intensive Realisierungsenergie zu kanalisieren. Neigung zu Besessenheit kann die Gesundheit schädigen. Abschluss, Verständnis, Wahrnehmung.

59/14/5: Auf und ab, instinktive Energie, Sex, Spiel, Risiken, Abenteuer, beweglicher Verstand, Mangel an Verantwortungsgefühl, Kompromisslosigkeit, Feigheit.

60/6: Soziale Ausgewogenheit, Harmonie, Ruhe, Ästhetik, Gesundheit, Heirat, Beziehung, Ergebnisse, Fruchtbarkeit, Fantasie, Verspieltheit, Süße, Mitgefühl.

61/7: Furcht vor Entdeckung, Unterdrückung, versteckte Gefühle, Isolation, religiöse Ängste, Angst vor Zauberei, aber genügend Intelligenz, um mit Unsicherheit fertig zu werden. Vorsicht vor Menschen, die sich verstellen! Die Zahl ist mit AIN verbunden, der negativen Existenz Gottes.[31]

62/8: Sackgasse, Stagnation, Restriktion, Verzögerung, Passivität. Eine reife Zahl, die leidenschaftlich sein will und Naivität vortäuscht. Sollte keine Luftschlösser bauen.

---

31 W. Wynn Westcott, *Numbers: Their Occult Power and Mystic Virtues*, S. 93

63/9: Gleichgewicht, Besserung, Mission, Missionar, Schöpfung, Kunst, Unabhängigkeit, regenerativ, manchmal zu idealistisch.

64/10/1: Große und starke Persönlichkeit, Konsequenz, Materialisation, harte Arbeit, Organisation, Methode, Hierarchie, Entschlossenheit, Magnetismus, Wahrheit, zäh. Kann von den Tricks des Ichs ruiniert werden.

65/11: Ein festes Fundament bietet Schutz vor Risiken. Dies ist die Zahl von Adonai, dem heiligen Schutzengel. Charisma, Stille, Erhebung, Wachstum, Aufbau.

66/12/3: Sicherheit, Stabilität, Kommunikation, Ausdruck, Familie, Verantwortung. Ein Moralist, aber sehr sympathisch, umgänglich und beliebt.

67/13/4: Symbolisiert wechselnde Phasen: Manchmal ereignet sich vieles gleichzeitig, dann geschieht gar nichts. Kann auch für eine Drohung stehen. Arbeit, Starrheit, Furcht, Schwierigkeiten im Umgang mit Geld. Sehr produktiv, sofern nicht anmaßend.

68/14/5: Materialismus, übertriebenes Streben nach Sicherheit, meidet Risiken und verpasst dadurch viele Wachstumsmöglichkeiten. Manchmal ein Symbol für eine blockierte Entwicklung.

69/15/6: Gefühlvoll, impulsiv, anzüglich, liebevoll, voreingenommen, intensiv. Erwartung. Jeder Tag ist wie der letzte Tag. Luxus, Großtuerei, Bequemlichkeit. Diese Zahl strebt nach Lust, auch wenn es nicht um Sex geht.

70/7: Ernsthaftigkeit, Strenge, Innenschau, kritische Analyse, Neigung zum Machtmissbrauch bei Verlust der Selbstkritik. Sollte Geheimnisse bewahren; denn das ist ihre große Tugend.

71/8: Ehre, Adel, Aufbau, Chancen, Schweigsamkeit, Zurückhaltung, ernst, interessiert, stabil in Höhen und Tiefen.

72/9: Die Theorie weicht von der Praxis ab. Objektivität fällt schwer. Widerspruch zwischen Worten und Einstellung. Verwirrung, Empfindsamkeit, barmherzig, wandlungsfähig.

73/10/1: Weisheit, Tendenz zur Mitte, Vaterschaft, Herrschaft, egozentrisch, großzügig, Gewissen, Klarheit, Lehrer, Umsicht, ein philosophischer Geist im Dienste des Ehrgeizes.

74/11: Neigt zur Missachtung der Intuition. Gute Auffassungsgabe sollte richtig genutzt werden, denn dieser starke Geist kann der Umwelt schaden, wenn er Böses denkt.

75/12/3: Tritt für Redefreiheit ein, neigt aber zur Selbstzensur. Sollte hart arbeiten, um hohe Ziele zu erreichen. Kreativität und die latente Fähigkeit, Ideen zu vermitteln.

76/13/4: Lässt sich leicht manipulieren. Überzogene Bescheidenheit verdeckt Feigheit oder Unsicherheit. Kann sehr gut organisieren und regenerieren. Kennt den Weg, zögert jedoch und hat das Gefühl, im Boden verwurzelt zu sein.

77/14/5: Psychologisches und/oder magisches Wissen, das möglicherweise missbraucht wird. Starkes Charisma kann auf unerwartete Gipfel führen.

78/15/6: Ursache und Wirkung, kalkuliertes Risiko, Intelligenz, Kommunikation, Standhaftigkeit, Extraversion, Gespür für gute Chancen, Opportunismus.

79/16/7: Angst und Hast können bisherige Erfolge zunichte machen. Penetranz. Will mit dem Kopf durch die Wand. Bescheidenheit, aber keine Demut.

80/8: Edler Charakter, Fortschritt, Reichtum, Eroberung, Expansion, Gerechtigkeit, Anpassung, richtige Entscheidungen, Integrität, Würde, Unvoreingenommenheit, übertriebene Strenge.

81/9: Impulsiv, wachsend, Evolution, Streit zwischen Egos; ein Konflikt, der sehr konstruktiv sein kann; vernünftiger Umgang mit Sorgen.

82/10/1: Klares Ziel, Aufstieg Schritt für Schritt, Kenntnis eigener Schwächen und Stärken, Erfolg, Entschlossenheit, diskrete Führung.

83/11: Verbindung, Information, Frische; die Fähigkeit, Menschen zu beeinflussen; kühne Ideen werden der Auffassung der Mehrheit angepasst; geschicktes Vorgehen in feindseliger Umgebung; Einsicht in das Absolute.

84/12/3: Furcht; sehr beschäftigt, verwechselt Vernunft mit Pessimismus, fühlt sich als Opfer, will beachtet werden. Die Lage ist besser, als es scheint. Güte und andere Vorzüge werden von Sorgen verdeckt.

85/13/4: Flexibilität, Anpassungsfähigkeit, Wandlungsfähigkeit, Faulheit, Pessimismus, Exotik, Extravaganz, plötzlicher Wandel, Arbeit, Anstrengung, autoritäre Tendenzen werden verborgen, Fantasie.

86/14/5: Heuchelei, Lügen, Impulsivität; die Fähigkeit, etwas mühelos zu fälschen; harmlose Aktivitäten; verbirgt einen Vulkan im Inneren.

87/15/6: Instinkt im Dienst der Vernunft, Intellekt, gute Entwicklungsmöglichkeiten, Dynamik, Tempo, Luxus, Bequemlichkeit, Reichtum, Großtuerei, Erbschaft.

88/16/7: Pragmatismus, Dogmatismus, Fanatismus, ein großer Kopf, Unterdrückung, Spannung, Starrheit, Pessimismus.

89/17/8: Reichtum, Materialismus, Großzügigkeit, Hoffnung, Logik, flinkes Denken, Gewandtheit, ein Preis, Pfründe, Intoleranz, Ungeduld.

90/9: Tiefe Einsicht in die Zweideutigkeit der Menschen und Dinge. Regeneration.

91/10/1: Abwechselnd wohlwollend und diktatorisch. Dualismus und Flexibilität. Dominierende Persönlichkeit mit Schuldgefühlen führt zu Anfällen von Depression und Manie. Beide Phasen sollten richtig genutzt werden, um das Beste daraus zu machen.

92/11: Fülle, Leistung, spirituelle Kraft, Intuition. Eine Persönlichkeit, die ihrer Zeit voraus ist. Seltsamkeit, gedämpft durch Freundlichkeit und Diplomatie. Kann gut mit Konservativen umgehen, obwohl die 11 immer rebellisch ist.

93/12/3: Entbehrungen und Opfer werden belohnt. Entwicklung, Hilfe von Freunden, Reife, glücklich in schwierigen Momenten. Stellt sich Herausforderungen gelassen und mit Humor.

94/13/4: Zurückhaltung hemmt die Entwicklung. Fehlschlag, Regeneration; Pessimismus und Unsicherheit wirken arrogant.

95/14/5: Beängstigende, aber harmlose Instinkte können Angst vor dem eigenen Schatten auslösen. Geht manchmal weit, um bei Angst nicht gelähmt zu sein.

96/15/6: Leidenschaft, Romantik, Lasterhaftigkeit, Heirat oder berufliche Verbindung. Starke Gefühle machen unbeherrscht.

97/16/7: Alles oder nichts. Niederschmetternder Misserfolg oder großer Erfolg. Große Intelligenz oder enorme Unfähigkeit.

98/17/8: Materieller und beruflicher Erfolg, Ruhe, Hoffnung. Manchmal verwirrt, aber immer vernünftig.

99/18/9: Große Fähigkeit zur Regeneration. Evolution, Verwirrung. Sorgen lassen alles schwieriger erscheinen, als es ist.

100/1: Großer Wandel, Evolution, starker Charakter, edel. Umgänglichkeit verbirgt dominierende Persönlichkeit.

Teil III

Das Numerogramm

John Lennons Numerogramm

Jetzt wollen wir Schritt für Schritt lernen, wie man nach dem System, das ich im vorigen Kapitel beschrieben habe, ein Numerogramm berechnet und deutet. Das System ist logisch, aber sehr subtil; darum müssen Sie die Bedeutung der Zahlenkombinationen wirklich in sich aufnehmen.

In der Numerologie symbolisiert der Name die Persönlichkeit – er sagt, *wer* wir sind. Das Geburtsdatum sagt, *wie* wir sind, wohin der Name geht, wie das so genannte Schicksal aussieht. Zur Persönlichkeit gehören Gefühle, Verhalten, Charaktereigenschaften, Reaktionen in unterschiedlichen Situationen, Entscheidungen und der Wille. Das Schicksal umfasst Schlüsselsituationen, mit denen wir es unweigerlich zu tun bekommen. Selbst wenn wir sie ablehnen, bestätigen wir ihre Existenz durch die Zeit und die Energie, die wir aufwenden, um sie zu vermeiden. Denken Sie auch daran, dass jede Position auf dem Numerogramm von den anderen abhängt, vor allem von den benachbarten. Nur so erschließt sich der Sinn.

Die Methode, die ich Ihnen vorstelle, ist das Ergebnis meiner eigenen Forschungen. Sie gründet zwar auf den Verfahren anderer Autoren, enthält aber mehrere Änderungen und Eigenheiten. Am Ende dieses Buches finden Sie ein Literaturverzeichnis mit allen Büchern, die für meine Methode die Grundlage bilden.

Als Beispiel habe ich den Namen, das Geburtsdatum und die Biographie John Lennons ausgewählt, nicht nur wegen seiner großen Persönlichkeit, sondern auch, weil sein Leben sehr gut dokumentiert ist, so dass die Aspekte seines Numerogramms sich leicht nachprüfen lassen. Wir brauchen für die Berechnung den vollständigen und wahren Namen; geänderte Namen, angeheiratete Namen und Spitznamen können wir nicht verwenden. Darum gehe ich hier vom Namen John Winston Lennon aus, nicht vom verkürzten Namen John Lennon oder von John Ono Lennon, wie der Musiker sich nach seiner Heirat mit Yoko Ono nannte.

Die Deutung ist unpersönlich, weil wir mit dem Numerogramm einer „Person der Öffentlichkeit" arbeiten. Darum können wir nicht so tief dringen wie bei einer persönlichen Deutung. Ich stelle Zusammenhänge her zwischen den Zahlen im Numerogramm und den Tatsachen, die wir über Lennon wissen. Dabei vermeide ich Mutmaßungen und verbinde die Fakten mit dem Numerogramm, um die Parallelen zwischen der Welt der Menschen und der Welt der Zahlen zu enthüllen.

Esoterische Zahl: Sie symbolisiert den innersten Teil der Persönlichkeit, jene Aspekte, die nur in der Familie zum Ausdruck kommen.

Berechnung: Addieren Sie die Vokale des vollständigen Namens (siehe Abb. 3, S. 22). Als Vokale gelten alle Buchstaben, die wie ein Vokal klingen (für Konsonanten gilt die gleiche Regel). Das W ist hier also ein Vokal, weil es im Englischen wie *U* ausgesprochen wird. Das J in John (gesprochen *dsch-*) ist demnach ein Konsonant, in Johann dagegen ein Vokal (gesprochen *io-*). Wir müssen uns also nach der Muttersprache eines Menschen richten.[32]

---

32 Im Deutschen werden die Umlaute und *ß* umschrieben: Ä = AE, Ö = OE, Ü = UE, ß = SS, und bei langen Vokalen wird der Zahlenwert verdoppelt. Im Englischen sind A, E, I, O, U, W und Y Vokale.

6   5 9   6   5   6 = 37/10/1

JOHN WINSTON LENNON

(6 + 5 + 9 + 6 + 5 + 6 = 37   37 = 3 + 7 = 10   1 + 0 = 1)

Kommentar: Was wir bereits über die 1 wissen, spricht dafür, dass Lennon ziemlich autoritär war. Die meisten Biographen meinen, er sei vor seiner Heirat ein Chauvinist oder gar ein Macho gewesen, Yoko Ono habe ihn jedoch verändert. Doch selbst nach der Hochzeit blieb sein alter Charakter zum Teil erhalten, wie er selbst, Yoko und sein Sohn Sean in Interviews bestätigt haben. Die Zahl 37 ist sehr positiv und energisch. Überlegen Sie, wie diese Zahl in einer Position wirkt, die enge Beziehungen widerspiegelt.

Esoterische Herausforderung: Hier geht es um Probleme, die im Leben bewältigt oder um Charakterzüge, die entwickelt werden müssen. Solche Herausforderungen findet man an mehreren Stellen des Numerogramms; sie symbolisieren die verschiedenen Wege, die wir gehen müssen, um zu wachsen. Die Zahl zeigt, auf welche Energie wir achten müssen.

Berechnung: Subtrahieren Sie den ersten und den letzten Vokal des Namens (die kleinere von der größeren Zahl).

6   –   6 = 0

JOHN WINSTON LENNON

(6 – 6 = 0)

Kommentar: Die 0 bedeutet, dass es keine spezielle Herausforderung gibt, sondern dass „alle auf einmal“ vorliegen. Das hört sich beängstigend an; aber von Begabten werden eben größere Anstrengungen verlangt.

Exoterische Zahl: Sie zeigt die äußere Form, die „öffentliche Persona“, den ersten Eindruck, den wir machen, unser Verhalten außer Haus. Es ist interessant, sie mit der esoterischen Zahl zu vergleichen – manchmal sind die Widersprüche bei ein und demselben Menschen erstaunlich groß. Andere Menschen sind dagegen „durchsichtig“ und haben ähnliche oder gar die gleichen Zahlen.

Berechnung: Addieren Sie die Konsonanten des ganzen Namens.

```
1   8 5        5 1 2    5  3     5 5      5 = 45/9
|   | |        | | |    |  |     | |      |
J O H N    W I N S T O N    L E N N O N
```

JOHN WINSTON LENNON

(1 + 8 + 5 + 5 + 1 + 2 + 5 + 3 + 5 + 5 + 5 = 45 = 4 + 5 = 9)

Kommentar: Die Zahlen enthüllen eine strahlende, expansive und offene Persönlichkeit. Kein Wunder, dass Lennon so populär und wagemutig war! Was können wir über sein Eintreten für die unteren Gesellschaftsschichten und Minderheiten sagen? Nun, er hat eine esoterische 1, was bedeutet, dass er zwar in der Öffentlichkeit als Demokrat auftrat, innerlich jedoch etwas anders geartet war. Das muss nicht heißen, dass er heuchelte; aber sein Charisma beruhte wahrscheinlich darauf, dass er es wagte, öffentlich über seine Schwächen zu reden. Das gab ihm Kraft. Die 37 ist eine starke 1, die sich aber von der 19 unterscheidet. Die 19 kann in bestimmten Positionen des Numerogramms günstig sein; aber als esoterische Zahl oder Essenz ist sie bisweilen ungünstig. Lennon war wahrscheinlich anspruchsvoll, aber nicht krankhaft.

Exoterische Herausforderung: Hier finden wir die entscheidenden Aspekte des gesellschaftlichen und beruflichen Lebens.

Berechnung: Subtrahieren Sie den ersten und letzten Konsonanten des ganzen Namens.

```
1                    5 = 4
|                    |
JOHN WINSTON LENNON
      (5 - 1 = 4)
```

Kommentar: Die 4 ist die Zahl der Bürokratie, des Berufs, der Ordnung und der Methode – und all das mochte Lennon nicht. Diese 4 deutet zudem auf ein mögliches Problem mit Konservatismus oder Zeremonien hin. Wir alle erinnern uns an die Zeit, als Lennon die Beatles – die „braven Jungs" – in Schwierigkeiten brachte, weil er den Mund nicht halten konnte. Er behauptete beispielsweise, die Gruppe sei beliebter als Jesus Christus.[33]

Synthese: Nun vermischen wir die innere und die äußere Persona und erhalten das Selbst, die umfassende Persönlichkeit.

Berechnung: Addieren Sie alle Buchstaben des ganzen Namens.

```
1685 5951265 355565 = 82/10/1
|||| ||||||| ||||||
JOHN WINSTON LENNON
(1 + 6 + 8 + 5 + 5 + 9 + 5 + 1 + 2 + 6 + 5 + 3 + 5 + 5 + 5 + 6 + 5 = 82)
(8 + 2 = 10     1 + 0 = 1)
```

Kommentar: Die 1 verstärkt den Genius und erklärt, warum Lennon zum Mythos wurde. Immer, wenn wir 9 zu einer an-

33 Marco Antonio Malagolli, *John Lennon* (Sao Paulo: Editoria Três, 1981). Jede Biographie berichtet von ähnlichen Vorfällen. Dieses Buch ist eine vollständige und detaillierte Chronologie, der ich die meisten Daten über Lennon entnommen habe.

deren Zahl addieren, wird die zweite Zahl wiederholt. Also: esoterische Zahl 1, exoterische Zahl 9, Synthese 1. Die 82 als Quelle der 1 ist sehr sanft und reif wie eine alte Seele. Sie bestätigt alle Eindrücke, die wir als Publikum von Lennon hatten. Der Mensch und sein Werk strahlten große Kraft aus.

Allgemeine Herausforderung: Hier geht es um das Hauptproblem der Persönlichkeit.

Berechnung: Addieren Sie die Zahlen der inneren und äußeren Herausforderungen.

Kommentar: Lennon hat eine 4, denn die Zahl der esoterischen Herausforderung ist 0, die der exoterischen 4. Wie die Symbolik der 4 enthüllt, hatte er also „Probleme mit allem".

Der Schicksalspfad: Er steht für den Weg durchs Leben und für den Himmel, unter dem wir gehen. Das Schicksal ist das, was wir finden werden; aber wir haben einen freien Willen und können selbst entscheiden, wie wir auf unser Schicksal reagieren. Die Persönlichkeit deutet diese Reaktion an, kann sie aber nicht bestimmen. Diese Position verrät also, welches Leben wir führen werden.

Berechnung: Addieren Sie Tag, Monat und Jahr der Geburt.

10 + 9 + 1940 = 1959/24/6
(1 + 9 + 5 + 9 = 24; 2 + 4 = 6)

Kommentar: Familie, Ästhetik und Beliebtheit sind die Schlüsselwörter der 6. Hier kommt die 6 von der 24, der kompliziertesten ihrer Quellen. Lennons Leben war in der Tat nicht leicht. Sein Vater ließ die Familie im Stich; dann verließ die Mutter den kleinen John, und er wurde von ihrer Schwester Mimi und deren Mann aufgezogen. Der Onkel, der Lennon besonders nahe stand, starb, als der Junge noch nicht einmal

Teenager war. Und als Lennon dieses Alter erreichte und das Verhältnis zur Mutter sich ein wenig besserte, wurde sie von einem LKW angefahren, den ein betrunkener Polizist steuerte. Die erste Lebensphase ist also von mehreren familiären Tragödien geprägt – typisch für die 24. Aber dadurch wurde Lennon zum Humanisten, Feministen und leidenschaftlichen Mann. Wir dürfen jedoch nicht vergessen, dass keine Zahl ein Todesurteil bedeutet und dass wir jede Zahl transformieren können und sollen. Ich finde, Lennon löste seine Familienprobleme, als er Yoko Ono heiratete. Erst dann – nach Abtreibungen und Trennungen – gründete er die Familie, nach der er sich immer gesehnt hatte. Die 6 bringt Popularität, und deren schlimmster Aspekt ist, dass Geistesgestörte wie Lennons Mörder ihr eigenes Versagen auf berühmte Leute projizieren.

Entscheidungen: Hier untersuchen wir Entscheidungen im täglichen Leben und deren Grundlagen. Diese Position ergänzt die Synthese.

Berechnung: Addieren Sie alle Buchstaben des ersten Vornamens.

```
1 6 8 5 = 20/2
| | | |
J O H N
```

Kommentar: Wenn wir das Numerogramm vervollständigen, verstehen wir die bisherigen Ergebnisse besser. Lennon war eine starke Persönlichkeit; aber die 2 lenkte seine Entscheidungen, und darum hatte er ein starkes Bedürfnis zu teilen. Das machte ihn sympathischer, aber auch anfällig für Ärger in der Familie. Zudem ging er in seiner Karriere zwei unterschiedliche Partnerschaften ein: Zuerst mit Paul McCartney, mit dem er die Beatles gründete, dann mit Yoko Ono, mit der er bis ans Ende seines Lebens auftrat, komponierte, Filme machte und Kunst ausstellte. Es war immer Lennon + 1, wenngleich die 1 keinen Schatten darstellt, da sowohl Yoko Ono als auch McCartney einflussreiche Künstler sind. Lennon wollte mit einem Partner kreativ sein, nicht mit einem Schüler, den er dominiert hätte.

Essenz: Auch diese Position blickt nach innen, aber anders als die esoterische Zahl. Die Essenz symbolisiert das Selbst, das wir anderen nicht zu zeigen wagen. Sie ergänzt somit die esoterische Zahl, die zeigt, wie wir mit Menschen umgehen, die uns am nächsten stehen. Die Essenz enthüllt, wie wir ganz innen denken und fühlen, was wir im Inneren wissen, aber nicht sagen und mitunter nicht einmal erkennen. Bisweilen zeigt sie auch, was wir wollen und am meisten fürchten. Beachten Sie, dass Wünsche und Ängste miteinander zusammenhängen. Das hat nichts mit Sadomasochismus zu tun, sondern damit, dass wir manchmal ein gefürchtetes Ereignis herbeiwünschen, um endlich von der Angst frei zu werden. Außerdem haben manche Menschen so starke Wünsche, dass sie vor der Nichterfüllung Angst haben.

Berechnung: Addieren Sie die Initialen vom zweiten Vornamen an.

5 + 3 = 8

JOHN WINSTON LENNON

Kommentar: Man sieht, dass John Lennon in mancher Hinsicht sehr materialistisch eingestellt war. Es ist daher keine Überraschung, dass er Millionär wurde, wenn auch dank seiner Talente und seiner Intuition. Natürlich geschah das nicht über Nacht – die Beatles mussten hart arbeiten, um berühmt zu werden. Die 8 spricht auch für Gerechtigkeitssinn und Angst vor der Justiz und der Regierung. Vielleicht lag es an dieser Angst, dass er einige Leute provozierte und schließlich im Gefängnis landete. Alles hängt miteinander zusammen. Wenn Sie eine gute Biographie von Lennon lesen, erfahren Sie, wie oft er Ärger mit der Polizei und der Justiz hatte.

Ausgewogenheit: Diese Position zeigt, wie wir unser Gleichgewicht finden, die Quelle der Harmonie im Alltag. Eine „gute" Zahl spricht für Ausgewogenheit, eine „schlechte" lässt darauf schließen, dass es uns an Harmonie fehlt oder dass wir sie auf ungewöhnliche Weise finden.

Berechnung: Addieren Sie die Initialen aller Namen.

1 + 5 + 3 = 9

JOHN WINSTON LENNON

Kommentar: Lennon fand sein Gleichgewicht dadurch, dass er ständig nach neuen Entfaltungsmöglichkeiten Ausschau hielt. Er wollte aktiv und kreativ sein und lieber handeln als denken. Dabei ging er oft zu weit und brach etliche Regeln, um seine eigenen Grenzen zu überschreiten. Er gab seine Fehler offen zu und versuchte, die Rolle des Idols abzustreifen, die man ihm als Beatle aufgezwungen hatte. Einerseits war er ein Philosoph, der sich mit den Problemen der Welt auseinander setzte; andererseits zog er sich zurück, als sein Sohn geboren wurde, um seinem Kind ein guter Vater zu sein. Er warnte seine Fans sogar davor, ihn zu ernst zu nehmen, weil ein König immer von seinen Vasallen umgebracht werde.

Stresszahl: Sie enthüllt, wie wir auf äußeren Druck, neue Situationen und außergewöhnliche Umstände reagieren.

Berechnung: Addieren Sie die Entscheidungszahl zum Geburtstag (hier der 9. Oktober).

Lennon's Entscheidungszahl:	20/2
Geburtstag:	9
(20 + 9 = 29 = 2 + 9 = 11)	

Kommentar: Die 11 (die auch Yoko Onos Zahl der Synthese ist) bestätigt Lennons geistige Wendigkeit. Manche Leute fanden, er sei nach seiner Heirat mit Yoko Ono seltsam geworden (was durchaus zur 11 passen würde); aber diese Sonderlichkeit war, wie gewöhnlich bei der 11, nur der Ausdruck eines scharfen Auges und einer starken Überzeugung. Die 11 wird nie sofort akzeptiert, denn die Menschen brauchen Zeit, um zu erkennen, dass sie ihrer Zeit voraus ist. Bevor Lennon zum komischen Beatle wurde, war er der „unartige" (ebenfalls typisch für eine 11), der sich sogar daneben benahm, als die Königin ihm einen Orden verlieh. Auch seine fantastische Lyrik, zum Beispiel „I am the Walrus" und „Lucy in the Sky with Diamonds" verrät die einzigartige psychedelische Ästhetik der 11.

Dharma: Dies ist die Mission, die Aufgabe, der Grund, warum wir hier sind. Analysieren Sie diesen sehr wichtigen Aspekt des Numerogramms gründlich. Wenn Sie wissen, wer Sie sind und wie Sie leben, dann verstehen Sie, warum Sie auf der Welt sind.

Berechnung: Addieren Sie die Zahl für die Synthese und die Zahl für den Schicksalspfad. Verwenden Sie aber die vollständigen Zahlen, nicht die reduzierten!

Tabelle 1: Lennons Dharmazahl

Lennons Synthese	82
Lennons Schicksal	1959
Lennons Dharma	2041/7

(82 + 1959 = 2041; 2 + 0 + 4 + 1 = 7)

Kommentar: Lennons Intellekt hatte die Aufgabe, Mysterien, Spiritualität und Philosophie zu verstehen und in der Einsamkeit nach innen zu schauen. Nach der Geburt seines Sohnes Jean gab Lennon das Musikgeschäft fünf Jahre lang auf.

Karma: Diese Zahl zeigt das „Soll und Haben" im Numerogramm. Karma ist das Gesetz von Ursache und Wirkung, und hier geht es um unser „Guthaben".

Berechnung: Addieren Sie die esoterische Zahl, die Synthese, den Geburtstag und die Zahl für den Schicksalspfad, und zwar jeweils die vollständigen Zahlen. Sobald Sie mehr Erfahrung mit der Interpretation der Zahlen haben, verstehen Sie nicht nur die Bedeutung der 8 und der 17, sondern auch der 2087. Das wäre unmöglich, wenn Sie nur Quersummen addieren würden.

Tabelle 2: Lennons Karmazahl

Lennons esoterische Zahl	37
Lennons Synthese	82
Lennons Geburtstag	09
Lennons Schicksalspfad	1959
Lennons Karma	2087/17/8

(2 + 0 + 8 + 7 = 17; 1 + 7 = 8)

Kommentar: Die 8, die bereits als Essenz auftrat, bestätigt, dass Lennons Ansichten über Reichtum, Gerechtigkeit und Gesetz „aus dem Bauch", aus seiner Vergangenheit, aus seiner Seele kamen. Denken wir an seine vielen Schwierigkeiten mit dem Gesetz. Er wurde unter anderem angeklagt wegen Drogenkonsums, politischer Delikte und Obszönität (auf der Hülle der Platte „Two Virgins", die er mit Yoko Ono aufnahm, war er nackt zu sehen, und seine Lithographien „Bag One" stellen ihn und Yoko Ono als Ertrinkende beim Sex dar). Die 17 ist allerdings eine günstige Zahl, die Zahl der Nuit und des Reichtums.

Fundament: Hier geht es um das Fundament, auf dem wir unser Leben aufbauen.

Berechnung: Verwenden Sie die Zahl des ersten Buchstabens des ersten Namens.

1 (10)
|
JOHN

Kommentar: Die Zahl für J ist (im Englischen) 10, die einfachste und väterlichste 1. Sie bestätigt, dass er ein guter Vater und eine der Führungspersönlichkeiten seiner Zeit war.

Willenskraft: Das Endziel, die letzte Karte, die Bewahrung dessen, was wir begonnen haben.

Berechnung: Verwenden Sie die Zahl des letzten Buchstabens des ersten Namens. Wenn Sie einen Buchstaben analysieren, müssen Sie seine „echte" Zahl benutzen, also die Zahl seiner Position im Alphabet. A hat beispielsweise den Zahlenwert 1, J (im Englischen) den Wert 10 und S den Wert 19. Lennon hat somit die Zahl 14/5 für Willenskraft und 15/6 für das

Herz. Es gibt Unterschiede zwischen einem Menschen, der nur die Zahlen 5 und 6 hat, und einem anderen, der 23/5 und 24/6 hat. Verwenden Sie Abbildung 3 (Seite 22), wenn Sie Buchstaben in Zahlen umwandeln. Wenn Sie also Buchstaben addieren, zählen A, J (im Englischen) und S immer als 1; aber wenn Sie den Charakter eines Buchstabens analysieren, müssen Sie die Wurzeln prüfen, das heißt die (nicht reduzierte) Position im Alphabet.

5 (14)
|
JOHN

Kommentar: Die 14 enthüllt den Drang, sich ständig zu ändern, und eine Neigung zu Sex und Drogen. Eheliche Treue dürfte Lennon schwer gefallen sein (wohl deshalb war er nicht treu, wie Yoko Ono in Interviews bestätigte). Auch der Verzicht auf Drogen fiel ihm schwer.

Herzzahl: Sie zeigt, wie wir unsere Empfindsamkeit ausdrücken und mit Gefühlen umgehen.

Berechnung: Verwenden Sie die Zahl des ersten Vokals des ersten Namens.

6 (15)
|
JOHN

Kommentar: Eine impulsive, leidenschaftliche Persönlichkeit. Wer Lennons Herz erreichen wollte, musste seinen Sinn für die Familie, für Leidenschaft und Liebe ansprechen.

Persönlichkeit: Prüfen Sie, wie oft eine bestimmte Zahl im Namen erscheint, um die Beziehung zwischen einem Menschen und anderen sowie seine Kreativität, seine Impulse und seinen Charakter zu verstehen.

Berechnung: Stellen Sie fest, wie oft eine bestimmte Zahl im Namen auftaucht, und notieren Sie das Ergebnis im Numerogramm. Addieren Sie die Zahlen dann senkrecht und waagrecht. Sie können Abbildung 6 für Ihre eigenen Numerogramme verwenden.

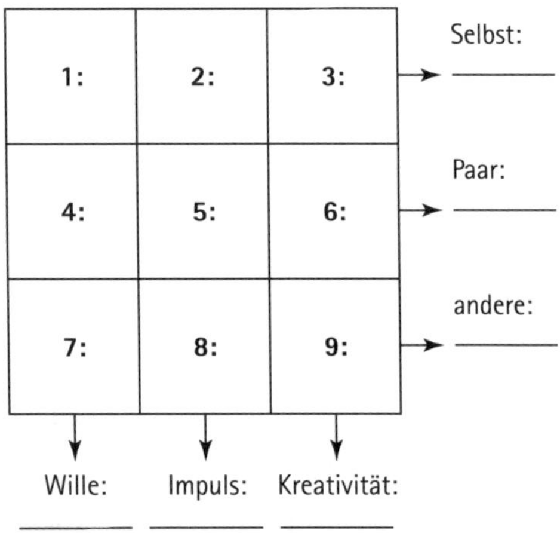

Abbildung 6: Das Namensdiagramm

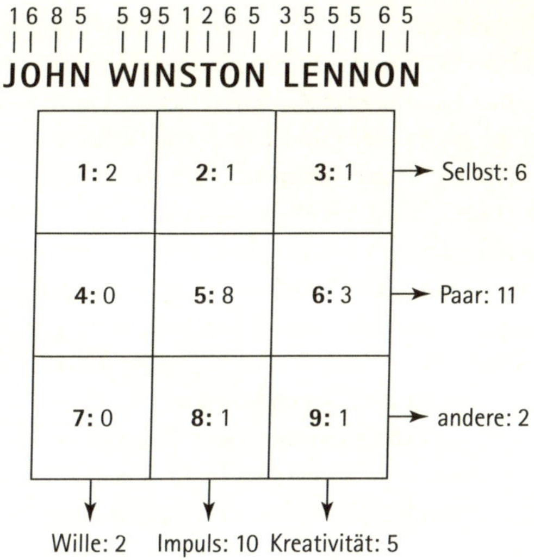

Abbildung 7: John Lennons Namensdiagramm

Lennon hat acht Fünfen in seinem Namen. Das bestätigt seine rebellische Natur, seinen Freiheitsdrang und seine sexuelle und ironische Seite. 4 und 7 (Symbole für Konzentration und Langsamkeit) fehlen, was auf Ungeduld hindeutet (siehe Abb. 7). Die 6 ist ausgewogen, während 1, 2, 3, 8 und 9 kaum vorhanden sind. Zeile 1 (Kästen 1, 2, 3) enthüllt die Beziehung zum Selbst. Sie enthält vier Zahlen (zweimal 1, einmal 2, einmal 3), was für gute Selbstachtung spricht. Lennons Gefühle haben jedoch sein Selbstbild verzerrt, so dass er verwundbar war, was die Gefühle anderer für ihn anbelangt.

Die zweite Zeile (Kästen 4, 5, 6) spiegelt Beziehungen wider. Lennon hatte die 11 als Paarzahl; darum verließ er die Beatles, als er sich in Yoko Ono verliebte. Für ihn war die Partnerin wichtiger, und er pflegte zu sagen, Yoko sei eine

Freundin, mit der er Sex habe, und das sei für ihn Erfüllung. Das Bild der Beatles in der Öffentlichkeit kümmerte ihn wenig, denn er hat nur zwei Zahlen in Zeile 3 (Kästen 7, 8. 9). Er fand seine spirituelle und emotionale Erfüllung – seinen Weg zur Transzendenz – darin, alles mit einem einzigen Menschen zu teilen, nicht mit allen. Dennoch machte er sich Gedanken über die Gesellschaft (die 9 in seiner Persönlichkeit). Die Kreativität (Spalte 3) ist mit 5 Zahlen normal vertreten. Diese 5 gibt zudem Auskunft über Veränderungen und die Entwicklung. Wir sehen, dass seine Werke „aus dem Bauch" kamen und nicht im Kopf entstanden.

Lennon war sehr impulsiv (Spalte 2) und hatte einen starken oder schwachen Willen (Spalte 1), je nach Partnerin. Er brauchte jemanden als Stütze, um seine Brillanz nutzen zu können.

Das Unbewusste: Diese Zahl symbolisiert irrationale Reaktionen.

Berechnung: Subtrahieren Sie die Zahl der im Namensdiagramm fehlenden Zahlen von 9. Bei Lennon fehlen 2 Zahlen. Also: 9 – 2 = 7.

Kommentar: Wenn die 7 für das Unbewusste steht, enthüllt sie einen Menschen, der dazu neigt, sich zu isolieren („Isolation" heißt auch ein Lied Lennons), und sehr selbstkritisch ist. Das war sein natürlicher Schutzschild.

Das Erbe: Hier analysieren wir die Rolle der Gene.

Berechnung: Addieren Sie alle Buchstaben des Familiennamens einzeln.

3 5 5 5 6 5 = 29/11
| | | | | |
LENNON

(3 + 5 + 5 + 5 + 6 + 5 = 29 = 2 + 9 = 11)

Kommentar: Wieder erscheint die 11 und bestätigt den Genius und Visionär, aber auch den Exzentriker. Ich kenne die Biographie seines Vaters nicht; aber die Echos einer männlichen Rolle im Numerogramm lassen vermuten, dass Lennon seinen Sarkasmus vom Vater geerbt hat.

Der zweite Name: Dies ist die Analyse des mittleren oder zweiten Namens, falls vorhanden. Lennons Mittelname war Winston.

Berechnung: Addieren Sie alle Buchstaben des zweiten Namens.

5 9 5 1 2 6 5 = 33/6
| | | | | | |
WINSTON

(5 + 9 + 5 + 1 + 2 + 6 + 5 = 33 = 3 + 3 = 6)

Kommentar: Dieser Name hebt Lennons Empfindsamkeit hervor, sein Verlangen nach familiärer Unterstützung und Selbstausdruck.

Beruf: Hier untersuchen wir die beruflichen Fähigkeiten.

Berechnung: Analysieren und vergleichen Sie die Zahlen für den Geburtstag, die Synthese, den Schicksalsweg, das Dharma und das Karma, um herauszufinden, welche Berufe für einen Menschen ideal wären. Je häufiger ein bestimmter Beruf durch eine Zahl symbolisiert wird, desto eher ist er der Richtige. Um die Beziehung zwischen Zahlen und Beruf zu deuten, können Sie Tabelle 3 (Seite 87) verwenden. Lennon hat folgende Zahlen:

Geburtstag: 9
Synthese: (siehe S. 73): 82/10/1
Schicksalspfad (siehe S. 74): 1959/24/6
Dharma (siehe S. 79): 2041/7
Karma (siehe S. 79): 2087/17/8

Tabelle 3: Zahlen und Berufe

1 Führer, Chef, Sprecher, Pilot, Kommandant, Politiker, Erfinder, PR-Berater, Ausbilder, Verkäufer, Manager. Kommt gut mit Mitarbeitern aus, will aber nur Aufgaben zuteilen.
2 Musiker, Mathematiker, Maler, Tänzer, Statistiker, Buchhalter, Numerologe, Astrologe, Systemanalytiker, Schriftsteller, Arzt, Diplomat, Beamter. Arbeitet am besten im Team.
3 Künstler, Kommunikator, Journalist, Redner, Anwalt, Ästhet, Schöpfer, Soziologe, Designer. Gut im Umgang mit Kindern.
4 Landwirt, Geologe, Soldat, Konstrukteur, Architekt, Ingenieur, Verwalter, Archivar, Bibliothekar, Mechaniker, Bildhauer, Politiker, Abbruch- oder Bauunternehmer. Kommt gut mit Hierarchien und Ämtern zurecht.
5 Mannequin, Flugbegleiter, Friseur, Fremdenführer, Importeur, Exporteur, Pilot, Geschäftsmann, Psychologe, Sportler, Sexologe, Chemiker, Händler. Schätzt Mode, Kosmetik, Reisen, Abenteuer.
6 Arzt, Krankenpfleger, Künstler, Koch, Sozialarbeiter, Tierarzt, Botaniker, Dekorateur, Assistent, Arbeit in der Gemeinde, Musikwissenschaftler. Schätzt die Gemeinschaft, Kinder und ältere Menschen.
7 Forscher, Philosoph, Historiker, Okkultist, Archäologe, Museumsmitarbeiter, Psychologe, Schriftsteller, Homöopath, alternativer Therapeut, Lehrer, Wissenschaftler, Künstler, Parapsychologe. Arbeitet gut allein, nutzt Verstand und Konzentration.
8 Volkswirt, Anwalt, Richter, Manager, Bankier, Händler, Leiter, Diplomat, Entertainer; Industrie, Mineralien. Arbeitet gut mit großen Firmen.
9 Künstler, Schauspieler, Dekorateur, Fremdenführer, Flugbegleiter, Sprecher, Okkultist, Arzt, Politiker, Sportler; sozialer Bereich, Import/Export. Arbeitet gut mit Bildern und vielen Menschen.
11 Künstler (avantgardistisch), Philosoph, Systemanalytiker, Okkultist, Erfinder, Chemiker. Bevorzugt ungewöhnliche Tätigkeiten.
22 Diplomat, Humanist, Manager, Vertreter, Chef, Konstrukteur, Schriftsteller, Missionar; Industrie, Import, Export, Bildung. Arbeitet gut, wenn es um Mensch und Umwelt geht.

Kommentar: Lennon hat die Zahlen 9, 1, 6, 7, 8. Sein künstlerisches Talent kommt in 9, 6 und 7 zum Ausdruck. Die 6 spricht für Musikalität, die 9 für Menschenmengen, die 7 steht für den Intellekt. In der Tat war Lennon der intellektuelle Beatle. Er schrieb zwei Bücher, zeichnete, schuf Lithographien und so weiter. Außerdem machte er Filme, entweder allein oder mit Yoko Ono, und war Schauspieler in allen Beatles-Filmen sowie in dem Film „How I Won the War". Die 1 und die 8 weisen auf Führungsqualitäten hin.

Sexualität: Hier erfahren wir, wie ein Mensch mit seiner Sexualität umgeht.

Berechnung: Vergleichen Sie die esoterische Zahl, die Essenz, die Synthese, die Dharmazahl und den Schicksalsweg mit Hilfe von Tabelle 4 (Seite 89), und suchen Sie nach Zusammenhängen. Lennons Zahlen sind:

Esoterische Zahl (Seite 71): 37/10/1
Essenz (Seite 76): 8
Synthese (Seite 73): 82/10/1
Dharma (Seite 79): 2041/7
Schicksalspfad (Seite 74): 1959/24/6

Kommentar: Lennon hatte die Zahlen 1, 8, 1, 7, 6. Er war aktiv, dominierend, kreativ und kühn. Seine Sexualität beeinflusste seine Karriere. Man denke nur an sein Album „Two Virgins", auf dessen Hülle – vorne und hinten – er mit Yoko Ono nackt abgebildet ist, seine Lithographie „Bag One" und seinen Film „Self-Portrait", der seinen erigierten Penis zeigt. Zur 6 passt, dass er ziemlich früh Vater wurde. Er heiratete Cynthia Powell, weil sie mit seinem ersten Sohn Julian schwanger war.

Tabelle 4: Zahlen und Sex

1 Aggressive, intensive Sexualität, Dominanz; Egozentriker, der bewundert werden will.
2 Zartheit, Zuneigung, Passivität, mysteriös, schüchtern, zweideutig; Romantiker, der seine Sexualität manchmal verbirgt.
3 Theatralische, unreife oder infantile Sexualität, die kokett oder pathologisch sein kann; erfinderischer Spieler; Sex ist Quelle des Glücks und der Fantasie.
4 Manchmal verzweifelt intensive Sexualität, manchmal gehemmt; Gewalt und Empfindsamkeit; traditionell; unterdrückt rohen Instinkt.
5 Intensive Sexualität, eher körperlich als mit Zuneigung verbunden. Experimente und Fantasien sind unentbehrlich. Furchtloser, leidenschaftlicher und inkonsequenter Partner, der Lust im Exzess findet.
6 Sex bedeutet Fortpflanzung und Liebe; die Familie ist wichtig. Neigt zu Kompromissen und Absprachen.
7 Narzistisch; Selbstbefriedigung, Kälte. Denkt viel über Sex nach und lebt verborgene Fantasien aus. Findet Intelligenz erotisch.
8 Ein sexueller Vulkan, leidenschaftlich, neigt zu Übertreibungen, opportunistisch; scheint subtil zu sein, kann aber skandalös sein; verbindet Sex mit (vor allem materieller) Macht; fühlt sich von Mächtigen angezogen, nicht wegen ihres Geldes, sondern wegen ihres Einflusses.
9 Ängstlich, erfinderisch, experimentierfreudig. Sex kann ein Ventil für die Ängstlichkeit sein, ob mit Erfolg oder nicht, hängt von den Umständen ab. Treue fällt manchen „Neunern" schwer, so dass Monogamie für sie nicht geeignet ist.
11 Zweideutigkeit, Androgynität; originell, unkonventionell, exotische Fantasien, Magie, Tantra. Sex ist das höchste Sakrament oder das niedrigste Laster.
22 Schüchternheit verbirgt intensive Gefühle. Schlechte Selbstbeherrschung. Intensive Sexualität kann experimentell oder pervertiert sein – aber was Perversion ist, definieren die Kulturen ganz unterschiedlich.

Haupthindernis: Hier geht es um das Haupthindernis im Leben.

Berechnung: Subtrahieren Sie die Zahlen des Geburtstages. Menschen, die zwischen dem 1. und dem 11. oder am 22. eines Monats geboren wurden, haben die 0 als Haupthindernis. Geburtsdaten mit nur einer Ziffer kann man natürlich nur von sich selbst subtrahieren; daher gilt: 1 – 1 = 0, 2 – 2 = 0 usw. Wenn Sie aber z. B. am 27. geboren wurden, rechnen Sie: 7 – 2 = 5. Lennons Geburtstag war der 9.

Kommentar: Es gibt kein Haupthindernis. Lennon hatte vor allem Probleme mit seiner Familie.

Wichtigster Aktivposten: Das Wort sagt alles. Diese Zahl ist der Glücksstern, der zweite Teil von „Soll und Haben".

Berechnung: Subtrahieren Sie das Haupthindernis von 9.

Kommentar: Da Lennon kein Haupthindernis hatte, fehlt auch der wichtigste Aktivposten, der meist eine Waffe gegen das Haupthindernis ist.

Erste Herausforderung: Dies ist eine Herausforderung in der ersten Lebenshälfte. Es ist schwer zu sagen, wann sie endet, weil wir nicht wissen, wie lange wir leben.

Berechnung: Subtrahieren Sie die Quersummen des Geburtstages und des Geburtsmonats, natürlich immer die kleinere von der größeren Zahl. Lennons Geburtstag war der 9., sein Geburtsmonat der 10. Also: 9 – 1 = 8.

Kommentar: Lennons größtes Problem bis in seine Zwanzigerjahre, also bis zur Hälfte seines kurzen Lebens, war das Geld.

Zweite Herausforderung: Die Herausforderung in der zweiten Lebenshälfte.

Berechnung: Subtrahieren Sie die Quersummen des Geburtsmonats und des Geburtsjahres. Lennons Geburtsmonat war der 10., sein Geburtsjahr war 1940. Also: 14 – 1 = 13/4.

Kommentar: Die Zahl weist auf Anpassungsprobleme, Unterdrückung und Verluste hin, also wohl auf die Fehlgeburten, die Yoko Ono hatte. Ihr Sohn Jean war bereits der vierte Versuch, ein Kind zu bekommen. Außerdem ist die Zahl ein Indiz für die schwere Last, die Lennon schultern musste, einmal wegen des unglaublichen Erfolges der Beatles und zum anderen wegen seiner Bemühungen, der Öffentlichkeit seine wahre Persönlichkeit zu zeigen. Obwohl er gewiss nicht der bravste Beatle war, musste er sein sauberes Image zerstören und zum Helden der Arbeiterklasse werden, der sich fortan John Ono Lennon nannte.

Karmische Herausforderung: Dies ist, wie der Name sagt, die wichtigste aller Herausforderungen.

Berechnung: Subtrahieren Sie die erste und die zweite Herausforderung. Lennons erste Herausforderung wird durch die 8, seine zweite Herausforderung durch die 13 symbolisiert. Also: 13 – 8 = 5.

Kommentar: Lennons größte Herausforderung waren die Abkehr vom Drogenkonsum und Ausgewogenheit zwischen seiner kreativen Begeisterung und seiner Ungeduld. Drogen waren ein großes Problem für ihn, vor allem Alkohol und Heroin. Psychedelische Drogen inspirierten ihn, einige seiner klassischen Songs zu komponieren. Auch die „Bewegung" war ein Problem, denn es dauerte lange, ehe man ihm die Einreise in die USA erlaubte – die Regierung Nixon mochte keine

„subversiven Elemente". Erst nach vielen Bemühungen bekam er die Green Card – nach Nixons Sturz.

Lebenszyklen und Lebensgipfel: Dieser Abschnitt untersucht die Zyklen und Höhepunkte des Lebens, die natürlich mit dem Schicksalspfad zusammenhängen. Die großen Lebenszyklen betrachten wir jeweils einzeln; die Gipfel stehen für die „Jahreszeiten", also die vier wichtigsten Phasen des Wandels.

Zyklen: Sie sind Nebenwege des Schicksalspfades, in drei Zeitphasen geteilt. Sie enthüllen, welche Einflüsse aus dem tiefen Inneren kommen.

Berechnung: Es gibt drei große Lebenszyklen. Der erste beginnt mit der Geburt und ändert sich etwa mit 28 Jahren (dieser Zyklus beginnt mit dem **Geburtsmonat;** siehe unten). Der zweite Zyklus endet 28 Jahre später um das 56. Jahr. Dann beginnt der dritte Zyklus, und Astrologen sind der Meinung, dass wir zwischen dem 84. und 86. Lebensjahr in einen vierten Zyklus eintreten. Die Berechnung dieser Zyklen ist etwas schwierig; darum analysieren wir sie der Reihe nach.

Der **1. Zyklus** beginnt mit der Geburt und endet mit derjenigen persönlichen Jahreszahl 1, die dem 28. Jahr am nächsten ist. Die 28 ist eine mathematisch vollkommene Zahl und symbolisiert das Ende eines archetypischen Zyklus. Zuerst berechnen Sie Ihre persönlichen Jahreszahlen, die Zahlen, die jedes einzelne Jahr Ihres Lebens regieren. Hierzu addieren Sie den Geburtsmonat und den Geburtstag zu dem Jahr, das Sie erforschen. Dabei wird Ihnen auffallen, dass die persönliche Jahreszahl einem Zyklus folgt: Nach der Jahreszahl 1 kommt die 2 oder 11, dann die 3, anschließend die 4 oder 22, dann die 5 und so weiter bis 9. Auf die 9 folgt wieder die persönliche Jahreszahl 1 und setzt den Zyklus von neuem in Gang. Sie müssen nun die persönliche Jahreszahl finden, die der 28 am nächsten ist. Sie markiert das Ende des 1. Zyklus und den Anfang des 2. Tabelle 5 zeigt anhand von Lennons Numerogramm, wie es gemacht wird. Wie Sie sehen, war Lennon langsam, da sein 2. Zyklus erst im Alter von 31 Jahren begann. Beachten Sie, dass das Jahr zwischen dem Ende eines Zyklus und dem Anfang des Nächsten eine Übergangsphase darstellt. Die beiden Zahlen vermischen ihre Schwingungen, weil die eine Phase ausklingt und die andere stärker wird. Mit anderen Worten: Die zwei Zyklen überlagern einander.

Tabelle 5:
Berechnung der persönlichen Jahreszahlen von John Lennon.*

JAHR	PERSÖNLICHE JAHRESZAHL	ALTER
1962	1	22
1963	2	23
1964	3	24
1965	22	25
1966	5	26
1967	6	27
1968	7	28
1969	8	29
1970	9	30
1971	1	31

* Um Ihre eigene Tabelle zu erstellen, berechnen Sie Ihre Zahl für das 28. Jahr. Dann addieren oder subtrahieren Sie 1, bis Sie eine Liste wie die obige haben. Machen Sie weiter, bis Sie zwei Einserjahre haben. Ihr 2. Zyklus beginnt in dem Jahr, das der 28 am nächsten liegt.

Wie Sie sehen, markiert die Zahl 28 eine Übergansphase im mittleren Alter. Das persönliche Datum des Übergangs für Lennon wird jedoch von derjenigen persönlichen Jahreszahl 1 geprägt, die diesem Alter am nächsten liegt. Bei ihm bildet also das Alter von 31 Jahren die Grenze zwischen dem 1. und 2. Zyklus. Er blieb im 1. Zyklus, bis er 31 war.

2. Zyklus: Um ihn zu berechnen, verwenden wir den **Geburtstag.** Der 2. Zyklus beginnt, während der 1. Zyklus noch ausklingt. Genau genommen ist das Jahr, welches das Ende eines Zyklus und den Anfang des nächsten markiert, immer eine „Mischphase", weil es die Schwingungen der Zahlen beider Phasen vereinigt. Das gilt für jeden Zyklus und jeden Gipfel. Der 2. Zyklus endet etwa mit derjenigen persönlichen Jahreszahl 1, die dem Alter von 56 Jahren am nächsten liegt. Wir addieren also 1940 und 56[34] und erhalten 1996 (in diesem Jahr wäre Lennon 56 geworden). Nun addieren wir: 1996 + 9 (Tag) + 10 (Monat) und erhalten 2015/8, Lennons persönliche Jahrezahl für 1996. Auch hier suchen wir das Jahr, das einer persönlichen Jahreszahl 1 am nächsten liegt. Darum gehen wir zwei Schritte weiter (siehe Tabelle 5), addieren 1998+10+9 und erhalten die persönliche Zahl 2017/10/1. Sie markiert am Lennons 58. Geburtstag das Ende des 2. Zyklus und den Beginn des 3. (siehe Tabelle 6, S. 88). Wieder wechselt Lennon den Zyklus nicht in einem durchschnittlichen Alter, sondern einige Jahre später.

3. Zyklus: Seine Zahl ist die gleiche wie die Zahl des **Geburtsjahres:** 1940/14/5. Der Zyklus beginnt gegen Ende des

34 Beachten Sie, dass 28x2 = 56 ist. Das ist eine Saturn-Beziehung, weil Saturn der Herrscher der Zeit ist. In der Smbolik und den Zyklen der Astrologie ist er daher das Sinnbild des Lebens und des Todes.

2. Zyklus und endet mit Lennons Tod. Wir brauchen also nichts zu berechnen. Dass Lennon das Ende dieses Zyklus nicht erlebte, macht das Numerogramm nicht wertlos, wie radikale Rationalisten denken mögen. Es geht nicht darum, den eigenen Tod vorauszusagen – das gelingt nicht einmal der modernen Medizin. Manche Geheimnisse müssen bewahrt oder auf andere Weise oder zu einer anderen Zeit entdeckt werden.

Unser Endergebnis lautet somit:
1. Zyklus = 10/1 (von 0 bis 31)
2. Zyklus = 9 (von 31 bis 58)
3. Zyklus = 14/5 (ab 58)

Gipfel: Es gibt vier Gipfel, und sie symbolisieren die vier Jahreszeiten und deren Zahlen. Mit Hilfe dieser Gipfel können Sie Informationen über äußere Umstände sammeln.

Berechnung: Wie bei den Zyklen müssen wir Schritt für Schritt vorgehen, um die Methode zu erlernen.

1. Gipfel: *Frühling* (der Beginn des Lebens). Addieren Sie den **Tag und den Monat** der Geburt, in Lennons Fall also 9 (Tag) plus 10 (Monat) = 19/1. Subtrahieren Sie dann den Schicksalspfad (hier 6) von 36 (Zyklus des Menschen = 9, 4 Zyklen = 36. Dies ist immer die Zahl, die zum 1. Gipfel führt). Also: 36 – 6 = 30 für das Ende des 1. Gipfels. Wieder überlagern sich die Schwingungen des 1. und des 2. Gipfels ein Jahr lang, weil sie nicht plötzlich, sondern langsam abklingen oder einsetzen.

Tabelle 6: Lennons 2. Zyklus endet.

JAHR	PERSÖNLICHE JAHRESZAHL	ALTER
1989	1	49
1990	2	50
1991	3	51
1992	4	52
1993	5	53
1994	6	54
1995	7	55
1996	8	56
1997	9	57
1998	1	58

2. Gipfel: *Sommer* (unsere Pflichten). Addieren Sie **Geburtstag und -jahr.** Die Symbolik gilt 9 Jahre lang. Bei Lennon ergibt sich: 9 + 1940 = 1949/23/5. Der 2. Gipfel beginnt somit im Alter von 31 Jahren und endet mit 40. So lange bleibt die 5 für ihn wichtig.

3. Gipfel: *Herbst* (der große prophetische Indikator). **Sie addieren den 1. und 2. Gipfel** und erhalten den 3., der ebenfalls 9 Jahre dauert. Bei Lennon addieren wir 1949 + 19 = 1968/24/6. Der 3. Gipfel dauert also vom 39. bis zum 48. Lebensjahr, und so lange bleibt die 6 für Lennon wichtig.

4. Gipfel: *Winter* (Weisheit). Addieren Sie **Geburtsmonat und -jahr** (1940 + 10 = 1950/15/6). Dieser Gipfel beginnt gegen Ende des 2. Vom 49. Lebensjahr an hat Lennon es also wieder mit der 6 zu tun. Das Gesamtergebnis sieht demnach so aus:

1. Gipfel = 19/1 (von 0 bis 30)
2. Gipfel = 23/5 (von 30 bis 39)

3. Gipfel = 1968/24/6 (von 39 bis 48)
4. Gipfel = 1950/15/6 (ab 48)

Nun müssen wir Zyklen, Gipfel und **Schicksalspfad** verknüpfen und in Phasen einteilen. Dafür können wir annähernde Daten verwenden, sofern die Unterschiede nicht größer als ein Jahr sind. Endet der Zyklus zum Beispiel mit 28 und der Gipfel mit 29 Jahren, können wir von einer Phase ausgehen, die mit 29 endet. Die Übergangsperiode der numerischen Schwingungen ist nicht starr, sondern dauert etwa ein Jahr. Dennoch sollten wir dem Gipfel Vorrang geben, weil er eine kürzere Phase symbolisiert als ein Zyklus. Betrachten wir ein Beispiel:

1. Periode – Pfad 24/6 – Zyklus 10/1 – Gipfel 19/1 (0 bis 30)
2. Periode – Pfad 24/6 – Zyklus 9 – Gipfel 23/5 (30 bis 39)
3. Periode – Pfad 24/6 – Zyklus 9 – Gipfel 24/6 (39 bis 48)
4. Periode – Pfad 24/6 – Zyklus 9 – Gipfel 15/6 (48 bis 58)
5. Periode – Pfad 24/6 – Zyklus 14/5 – Gipfel 15/6 (ab 58)

Kommentar: Lennons 1. Phase ergibt die Kombinationen 24/6, 10/1 und 19/1. Zwei Einsen (vor allem die 19) wirken grob und arrogant – und diese Eigenschaften demonstrierte John Lennon in seinen ersten 30 Lebensjahren gerne. Natürlich betont diese Kombination auch seine Führungsqualitäten und lässt auf einen gewissen Egoismus schließen. Aber wir müssen das alles unter dem Aspekt der 24/6 deuten, weil sie sowohl die 10 als auch die 19 relativiert. Das heißt, die Arroganz und die subtile Gewalttätigkeit waren im Grunde ein Schrei nach Hilfe und ein Schutzschild. Diese Verbindung weist auch auf eine Vernachlässigung der Familie hin. Lennon ging sein erste Ehe nur deshalb ein, weil Cynthia schwanger war. Julian, sein erster Sohn, wurde zu Beginn der Beatles-

Hysterie geboren, und die vielen Aktivitäten der Gruppe bewirkten, dass die Ehepartner einander entfremdet wurden. Zu sehen sind auch der Übergang von Cynthia zu Yoko Ono und die negative Reaktion der Öffentlichkeit (19) auf seine zweite Ehe. Dank der 10 im Zyklus schlug die Meinung jedoch um.

Die 2. Phase vermischt 24/6, 9 und 23/5. Das ist eine explosive Kombination, weil 9 und 5 impulsive, freiheitsliebende und kühne Zahlen sind. In dieser Periode war Lennons Humor bissiger denn je. Er umgab sich mit politisch radikalen Leuten, und seine Kunstwerke wurden zensiert. Man hörte sogar sein Telefon ab und wollte ihn ausweisen. Wenn die 5 und die 6 sich begegnen, ist Disharmonie die Folge, denn die beiden vertragen sich nicht. In der Tat hatte Lennon Probleme mit Yoko Ono und trennte sich 18 Monate lang von ihr. Aber die 6 im Pfad ist größer und symbolisiert das dauerhafte Band, die Versöhnung. Da der Schicksalspfad die Musik für das Lied des Lebens bestimmt, zog Lennon im Guten wie im Bösen letztlich immer die Familie vor. Das war aber nicht sein „Schicksal"! Es war eine *Tendenz* in seinem Leben, und wer seine Tendenzen kennt, kann sie *beherrschen* – nicht auf anmaßende und rationale Weise, wohl aber durch die läuternde Wirkung des Willens. Nur darum geht es im Numerogramm und in diesem Buch.

Die Kombination 5 und 9 weist auf Reisen hin. In der vorherigen Phase waren die Beatles oft auf Tour; das war also in der 2. Phase nichts Neues. Allerdings hatte Lennon seine Heimat verlassen, eine Ausländerin geheiratet und mit ihr einen Sohn in New York, einer überaus multikulturellen Stadt, aufgezogen. Es gab also neben den Reisen einiges mehr; aber die 6 (Ehe und Familie), die 5 (Herausforderungen, Reisen, Unvorhersehbares) und die 9 (Internationalität, Kommunikation, Menschenmassen) sind kreative Zahlen.

Real war auch Lennons Drogenproblem, das er jedoch dank der Makrobiotik löste: Die 6 symbolisiert Heilung (und Krankheit), die 5 und die 9 Sex, Drogen und Rock 'n' Roll.[35] Zudem ist die 9 ein Symbol für Weite und Breite, so dass sie ein Paar manchmal auseinander bringen kann – es fehlt die Intimität, und alles ist zu reichlich, zu geräumig, zu groß. Letztlich war diese Phase aber besonders glücklich, wahrscheinlich weil Lennon und Yoko Ono lernten, mit ihrer Energie umzugehen.

Seans Geburt stabilisierte die Ehe, vielleicht weil Lennon oft unterwegs war und Neues entdecken konnte, während Yoko Ono sich um die Finanzen kümmerte. Lennon bewältigte die Tendenzen der 5 und der 9, die Konflikte begünstigen, und schöpfte Kraft aus der Familie (6), die auch seine Heilung (24) förderte. Er kümmerte sich gut um Jean, weil er die Fehler, die er bei Julian begangen hatte, nicht wiederholen wollte. Auch die Fehler seiner eigenen Eltern hatte er nicht vergessen. Sean zuliebe zog Lennon sich zurück und brach damit die Ketten, die ihn an ein Leben voller Sorgen gefesselt hatten.

Von der dritten Phase hatte Lennon nicht mehr viel, weil er im Alter von 40 Jahren ermordet wurde und diese Periode mit 39 begann. Die kurze Zeit, die ihm blieb, war die Übergangsphase. Fünf Jahre lang hatte er abgeschieden gelebt und seinen Sohn aufgezogen; nun machte er zusammen mit Yoko Ono das Album *Double Fantasy*. Es ist seltsam, dass bei ihm die Kombination 24/6 und 9 vorliegt, denn 24/6 symbolisiert emotionale Kämpfe und Sorgen. Wir werden nie wissen, was im komplizierten Netzwerk des Lebens wirklich geschieht;

---

35 Das können wir aus den Umständen schließen.

außerdem möchte ich mit diesem Buch keine Urteile fällen, sondern Ereignisse analysieren. Die Kombination deutet jedenfalls auf ein Familiendrama hin, und ich bin nicht sicher, ob dieses Drama in seiner Ermordung gipfelte – gerade zu der Zeit, als sein Leben in ruhigen Bahnen verlief –, oder ob der Tod ihm das eigentliche Drama ersparte. Denkbar ist auch, dass er die Energie dieser Zahlen in die richtigen Bahnen gelenkt hätte, so wie es ihm offenbar in der zweiten Phase gelungen war.

Die folgenden Perioden können wir natürlich nicht analysieren. Es wäre Zeitverschwendung, darüber zu spekulieren, was hätte sein können.

Die Arkanen des Tarots: Es besteht ein Zusammenhang zwischen Zahlen und den Arkanen des Tarots, der ebenfalls einen allgemeinen Eindruck von einem Menschen vermittelt.

Berechnung: Addieren Sie die Zahlen jedes einzelnen Namens. Addieren Sie die Zahlen dann noch einmal, diesmal jedoch ohne Grund- und Meisterzahlen. Nun addieren Sie die Ergebnisse der einzelnen Namen und erhalten die Zahl der Arkane. Die Karte finden Sie in Tabelle 7 (S. 101/102).

Tabelle 7: Zahlen und die Großen Arkanen des Thoth Tarots

ZAHL	KARTE	BEDEUTUNG DER GROSSEN ARKANE
1	DER MAGUS	Weisheit, Gespür für Chancen, Flexibilität, gute Kommunikation, Talent, der Gipfel
2	DIE PRIESTERIN	Intuition, esoterisches Wissen, Empfänglichkeit, inneres Gleichgewicht, der Schleier der Isis
3	DIE KAISERIN	Liebe, Schönheit, Zartheit, Eleganz, Glück, Fortpflanzung, Sinnlichkeit
4	DER KAISER	Eroberung, Führerschaft, Pionier, Aktivität, Stabilität, Größenwahn
5	DER HOHEPRIESTER	Göttliches Wissen, Meister, Spiritualität, Beharrlichkeit, Manipulation
6	DIE LIEBENDEN	Liebe, Anziehung, Zweifel, Unentschlossenheit, Einheit der Gegensätze, eine Entscheidung
7	DER WAGEN	Sieg, Triumph, Innenschau, Planung, Gesundheit, Neubeginn
8	GERECHTIGKEIT	Gerechtigkeit, Stabilität, Gleichgewicht, Gesetz, Konzentration, Balance
9	DER EREMIT	Das Innere, Erleuchtung, Umsicht, Weisheit, Ende eines Zyklus, Selbsterkenntnis
10	GLÜCK	Wandel, Neubeginn, Schicksal, plötzliches Ereignis, Expansion, Wachstum
11	LUST	Lebenskraft, Leidenschaft, Energie, Mut, Herrschaftsdomäne, magische Kräfte, Vernunft/Instinkt
12	DER GEHÄNGTE	Opfer, Erlösung, Stagnation, Ende einer Sackgasse, Aufgeben, Ungerechtigkeit, Verständnis
13	TOD	Transformation, Befreiung, Tod und Wiedergeburt, Radikalismus, äußerer Wandel

Tabelle 7: Zahlen und die Großen Arkanen des Thoth Tarots (Forts.)

ZAHL	KARTE	BEDEUTUNG DER GROSSEN ARKANE
14	KUNST	Vereinigung von Gegensätzen, innerer Wandel, Alchemie, Kreativität, Verwirklichung
15	DER TEUFEL	Vitalität, materieller Besitz, Leidenschaft, Sex, Impulsivität, Humor, Verlangen, Gier
16	DER TURM	Zerstörung, radikale und schmerzhafte Transformation, das Ende von etwas, Erneuerung, Hindernisse, Mut, Selbstkritik
17	DER STERN	Hoffnung, Nutzung der besten inneren Energie, Klarheit, Erleuchtung, Licht am Ende des Tunnels, Naivität
18	DER MOND	Das Unbewusste, Furcht, Illusion, das Unbekannte, Intuition, Verrücktheit, neue Bewusstseinsebene
19	DIE SONNE	Gute Leistungen, Spiritualität, Charisma, Erfolg, Reichtum, Ruhm, Arroganz, Eitelkeit
20	DER ÄON	Trennung der Vergangenheit von der Zukunft, Analyse von Irrtümern, tief greifender Wertewandel, neue Einstellung
21	DIE WELT	Synthese, gelöste Probleme, Einheit, Entwicklung, Universalität, Internationalität, Beharrlichkeit
22	DER NARR	Raum und Zeit sind nicht mehr vorhanden, Freiheit, Unabhängigkeit, innere Stimme, Channeling, Verrücktheit, Exotik, Ideen

```
1 6 8 5   5 9 5 1 2 6 5   3 5 5 5 6 5
| | | |   | | | | | | |   | | | | | |
J O H N   W I N S T O N   L E N N O N
```

20 33 29

2 + 6 + 11 = 19: Die Sonne

Lennons Große Arkane ist Die Sonne, die Kreativität, leidenschaftliche Liebe, Brillanz, Erfolg und männliche Energie symbolisiert. Es gibt viele verschiedene Tarots, von denen einige sehr gut sind, zum Beispiel der Mythologische Tarot, der Tarot de Marseille (der „Klassiker"), der Tarot des Bohémiens von Papus und der Merlin Tarot. Jeder Tarot hat sein eigenes Zahlen- und Symbolsystem und beurteilt daher eine Situation unterschiedlich. Allerdings basieren alle Tarots auf ähnlichen Vorbildern. Die Wahl eines Tarots ist eine ebenso persönliche Entscheidung wie die Wahl eines Partners. Daher gibt es auch keine Regeln. Ich benutze den Toth Tarot von Aleister Crowley und Frieda Harris, weil er in unsere moderne Zeit passt. Außerdem sind die Karten sehr schön, und die Zeichnungen enthalten viel mehr Informationen als jeder andere Tarot, den ich kenne. Darum gilt Tabelle 7 (Seite 101/102) für diesen Tarot. Wenn Sie einen anderen benutzen, ordnen Sie die Großen Arkanen (die Reihenfolge ist verschieden) und verbinden die Zahl, die Sie erhalten, mit der Arkane und deren Bedeutung.

Ich halte nichts davon, der Großen Arkane für Gerechtigkeit die Zahl 11 und der Lust (oder Stärke) die Zahl 8 zuzuordnen – das stimmt nicht mit der Symbolik der Zahlen überein. Da die Zahlensymbolik jedoch vor jeder andern entstanden ist – und lange vor dem Tarot -, sollte man die Zahlen meiner Meinung nach vertauschen.

Wenn Sie mit einer Karte der Kleinen Arkanen verbunden sind, sollten Sie auch diese deuten. Die Zahl 29 verweist beispielsweise auf die Große Arkane 11 und auf die Drei der Stäbe der Kleinen Arkanen. Die folgende Tabelle hilft Ihnen bei der Analyse.

Tabelle 8: Zahlen und die Kleinen Arkanen im Thoth Tarot

ZAHL	KARTE	BEDEUTUNG DER KLEINEN ARKANE
23	RITTER DER STÄBE	Feuer und Feuer, Aktivität, Großzügigkeit, Impulsivität, manchmal Aggressivität, Wandel, Evolution
24	KÖNIGIN DER STÄBE	Wasser und Feuer, Großzügigkeit, Ungeduld, Mitgefühl, Selbsterkenntnis, Anziehung, verborgene Herrschaftsdomäne
25	PRINZ DER STÄBE	Luft und Feuer, brennende Liebe, Intensität, Zartheit und Rauheit, Humor, Kreativität
26	PRINZESSIN DER STÄBE	Erde und Feuer, Herrschaftsdomäne, Neubeginn, Furchtlosigkeit, Übertreibung, Fröhlichkeit, Optimismus, Furchtlosigkeit
27	ASS DER STÄBE	viel Energie für die Entwicklung, Willenskraft
28	ZWEI DER STÄBE	Kampf mit gleich starken Kräften, Einfluss
29	DREI DER STÄBE	Tugend, Integrität, Erkenntnis, Stabilität durch Bewegung
30	VIER DER STÄBE	Anstrengung, Arbeit, Lohn für Ausdauer
31	FÜNF DER STÄBE	Kampf, Wettbewerb, Gewalt, Einschränkung, überwältigende Hindernisse
32	SECHS DER STÄBE	Sieg, Liebe, Erfolg, Zufriedenheit
33	SIEBEN DER STÄBE	Tapferkeit, Mut, Integrität, keine Zugeständnisse, Streit
34	ACHT DER STÄBE	Flexibilität, Flinkheit, klare und objektive Kommunikation, eine Botschaft
35	NEUN DER STÄBE	Macht, Gesundheit, überwundene Hindernisse, Totalität
36	ZEHN DER STÄBE	Bedrücktheit, Blockade, Sackgasse, Aggression, Unterdrückung

Tabelle 8: Zahlen und die Kleinen Arkanen im Thoth Tarot (Forts.)

ZAHL	KARTE	BEDEUTUNG DER KLEINEN ARKANE
37	RITTER DER KELCHE	Feuer und Wasser, Geben, Liebe, Unreife, Drogen, Instabilität
38	KÖNIGIN DER KELCHE	Wasser und Wasser, Mutterschaft, Dichtkunst, undeutlicher Ausdruck
39	PRINZ DER KELCHE	Luft und Wasser, Sorgen, Täuschung, scheinbare Ruhe, verdeckte Gewalt, Transformation, Sex, geheime Wünsche
40	PRINZESSIN DER KELCHE	Erde und Wasser, Selbstvertrauen, freie Gefühle, Gnade, Sinnlichkeit, Romantik, Maßlosigkeit
41	ASS DER KELCHE	überfließende Liebe, Klarheit, die Saat der Liebe (im wörtlichen wie im übertragenen Sinne)
42	ZWEI DER KELCHE	Liebe, Empfänglichkeit, Ehe, der sinnliche Reiz der Liebe
43	DREI DER KELCHE	Fülle, Sinnlichkeit, Gastfreundschaft, Lust, Entspannung, Ekstase
44	VIER DER KELCHE	Überschwang, Liebe, unbeherrscht, unsicher, eifersüchtig, guter Anfang mit bösem Ende, vergeudete Liebe
45	FÜNF DER KELCHE	Täuschung, Enttäuschung, unerfüllte Hoffnung, schwierige Beziehungen
46	SECHS DER KELCHE	Lust, Verlangen, Sexualität, Erneuerung, Prahlerei, Ausdehnung, Licht
47	SIEBEN DER KELCHE	Unmoral, Untreue, Vergiftung, Illusion
48	ACHT DER KELCHE	Trägheit, Faulheit, Stagnation, unstabilerer Erfolg
49	NEUN DER KELCHE	Glück, Gesundheit, Maßlosigkeit, Spaß
50	ZEHN DER KELCHE	Sattheit, Fülle, Bequemlichkeit
51	RITTER DER SCHWERTER	Feuer und Luft, Festigkeit, Ausdauer, Pläne, Intrigen, Intellektualismus, Dynamik

Tabelle 8: Zahlen und die Kleinen Arkanen im Thoth Tarot (Forts.)

ZAHL	KARTE	BEDEUTUNG DER KLEINEN ARKANE
52	KÖNIGIN DER SCHWERTER	Wasser und Luft, Objektivität, Vernunft, Logik, Rache, Verstoß gegen die Sitten
53	PRINZ DER SCHWERTER	Luft und Luft, Intuition, Philosophie, große Vision, Kreativität, Verstand
54	PRINZESSIN DER SCHWERTER	Erde und Luft, Kampf, Treue, Aufstand, Wut, Schnitt, Reaktion
55	ASS DER SCHWERTER	Brillanz, gute Idee, Feilen am Detail, Inspiration, Kontakt mit einem Wesen
56	ZWEI DER SCHWERTER	zeitweiliger Frieden, Einigung, Ruhe, ausgewogene Entscheidungen
57	DREI DER SCHWERTER	Schmerzen, Trennung, Störung, Beschluss, gemischte Gedanken
58	VIER DER SCHWERTER	Frieden, Zentralisierung, Wachstum, Entspannung nach Ärger
59	FÜNF DER SCHWERTER	(Angst vor) Niederlage, Unsicherheit, Bosheit, unbekannte Furcht
60	SECHS DER SCHWERTER	Wissenschaft, Analyse, geistige Klarheit, Verständnis, Erfolg trotz Furcht, Intelligenz
61	SIEBEN DER SCHWERTER	Frivolität, Erschöpfung, Mutlosigkeit, Fruchtlosigkeit, Verblendung, grundlose Furcht
62	ACHT DER SCHWERTER	Störung, Unentschlossenheit, zu viel Beschäftigung mit Details, Mangel an Objektivität
63	NEUN DER SCHWERTER	Grausamkeit, seelischer Schmerz, Torturen, Besessenheit, Bosheit, Hoffnungslosigkeit, Selbstbestrafung, Ungerechtigkeit, Martyrium, Fanatismus
64	ZEHN DER SCHWERTER	Ruin, Tod, Scheitern, böse Gedanken, Trauer, negative Schwingungen
65	RITTER DER MÜNZEN	Feuer und Erde, Heilung, Arzt, Ergebnis der Mühe, eine zu erledigende Arbeit, Eifersucht

Tabelle 8: Zahlen und die Kleinen Arkanen im Thoth Tarot (Forts.)

ZAHL	KARTE	BEDEUTUNG DER KLEINEN ARKANE
66	KÖNIGIN DER MÜNZEN	Wasser und Erde, Fruchtbarkeit, Fortpflanzung, Pragmatismus, ungünstige Bedingungen bessern sich
67	PRINZ DER MÜNZEN	Luft und Erde, Beherrschung, Management, Kompetenz, Vorbeugung, Umsicht, Materie
68	PRINZESSIN DER MÜNZEN	Erde und Erde, Schwangerschaft, Wiedergeburt, Stabilität, Fortdauer
69	ASS DER MÜNZEN	Reichtum, Fülle, Anfang, Einheit von Körper und Seele
70	ZWEI DER MÜNZEN	Wandel, Lebenszyklus, Transformation, Höhen und Tiefen, Gleichgewicht, Bündnis
71	DREI DER MÜNZEN	Arbeit, Geschäft, Entwicklung, Selbstvertrauen
72	VIER DER MÜNZEN	Macht, Integrität, Ernsthaftigkeit, Starre
73	FÜNF DER MÜNZEN	Besessenheit, archetypische Ängste, Spannung, Unverständnis, Intelligenz, Transformation
74	SECHS DER MÜNZEN	Erfolg, Glück, Akzeptanz, Geben, Geschenk, günstiger Zufall
75	SIEBEN DER MÜNZEN	(Furcht vor) Versagen, kleine Hindernisse sehen groß aus, Resignation, Anpassung, Zynismus, Täuschung
76	ACHT DER MÜNZEN	Umsicht, Gefahr, Vorbeugung, Wissen
77	NEUN DER MÜNZEN	Gewinn, Reichtum, Fülle, Dreieck
78	ZEHN DER MÜNZEN	Fülle, Wohlstand, Überfluss

Der Lebensweg: Hier verbinden Sie Buchstaben mit Zahlen und erhalten genaue Informationen über die jeweils vorherrschenden Schwingungen in Ihrem Leben. Jede Zahl und jeder Buchstabe ist wichtig, aber am bedeutsamsten sind die Konjunktionen. Sie liegen vor, wenn bestimmte Zahlen und/oder Buchstaben zur selben Zeit vorkommen. Ob das günstig oder ungünstig ist, hängt von Ihrer Anpassungsfähigkeit ab. Meist erscheinen die Zahlen häufiger als einmal – wie ein Muster, das sich wiederholt –, obwohl sie nicht jedes Mal eine Wirkung entfalten müssen. Wenn die Konjunktion beim ersten Mal stark ist – d. h. wenn sie sich eindeutig manifestiert –, wird sie danach langsam schwächer, sofern sie weiter auftaucht. Falls sie sich zu Beginn nicht manifestiert, ist sie beim zweiten Erscheinen wahrscheinlich stärker. Und so bauen Sie den Lebenspfad Schritt für Schritt auf:

1. Notieren Sie das Geburtsdatum (Tag, Monat, Jahr) und seine Entwicklung in den folgenden Jahren. John Lennon wurde am 9. Oktober 1940 geboren.

2. Verfahren Sie mit dem Alter an jedem Geburtstag ebenso. Tabelle 9 zeigt den Geburtstag, den Geburtsmonat und das Geburtsjahr, gefolgt von Lennons Alter (0 bis 40). (Wenn Sie einen Lebenspfad gründlich untersuchen wollen, können Sie auch ein anderes Alter nehmen, z. B. 84.) In der Spalte „Transit“ finden Sie JWL (für John Winston Lennon). Die Essenz des Jahres ist 9. (Wie Sie Ihre eigene Essenz finden, lesen Sie auf Seite 76. Fügen Sie Ihre Initialen hinzu.)

3. Notieren Sie den Transit der Buchstaben in der Spalte „Transit“ von Tabelle 9. Dazu schreiben Sie die Buchstaben des ersten Namens in die erste Spalte, die Buchstaben des zweiten Namens in die zweite Spalte und die Buchsta-

Tabelle 9: John Winston Lennons Lebenspfad

GEBURTSDATUM	ALTER	TRANSIT	ESSENZ	PERSÖNLICHE JAHRESZAHL
9. 10. 1940	00	J W L	9	24/6
9. 10. 1941	01	O W L	14/5	16/7
9. 10. 1942	02	O W L	14/5	17/8
9. 10. 1943	03	O W E	16/7	18/9
9. 10. 1944	04	O W E	16/7	19/1
9. 10. 1945	05	O I E	20/2	20/2
9. 10. 1946	06	O I E	20/2	21/3
9. 10. 1947	07	H I E	22	22
9. 10. 1948	08	H I N	22	23/5
9. 10. 1949	09	H I N	22	24/6
9. 10. 1950	10	H I N	22	25/7
9. 10. 1951	11	H I N	22	17/8
9. 10. 1952	12	H I N	22	18/9
9. 10. 1953	13	H I N	22	19/1
9. 10. 1954	14	H N N	18/9	20/2
9. 10. 1955	15	N N N	15/6	21/3
9. 10. 1956	16	N N N	15/6	22
9. 10. 1957	17	N N N	15/6	23/5
9. 10. 1958	18	N N O	16/7	24/6
9. 10. 1959	19	N S O	12/3	25/7
9. 10. 1960	20	J T O	9	26/8
9. 10. 1961	21	O T O	14/5	18/9
9. 10. 1962	22	O O O	18/9	19/1
9. 10. 1963	23	O O O	18/9	20/2
9. 10. 1964	24	O O N	17/8	21/3
9. 10. 1965	25	O O N	17/8	22
9. 10. 1966	26	O O N	17/8	23/5
9. 10. 1967	27	H O N	19/1	24/6
9. 10. 1968	28	H N N	18/9	25/6
9. 10. 1969	29	H N L	16/7	26/8
9. 10. 1970	30	H N L	16/7	27/9
9. 10. 1971	31	H N L	16/7	19/1
9. 10. 1972	32	H N E	18/9	20/2
9. 10. 1973	33	H W E	18/9	21/3
9. 10. 1974	34	H W E	18/9	22
9. 10. 1975	35	N W E	15/6	23/5
9. 10. 1976	36	N W E	15/6	24/6
9. 10. 1977	37	N W N	15/6	25/7
9. 10. 1978	38	N I N	19/1	26/8
9. 10. 1979	39	N I N	19/1	27/9
9. 10. 1980	40	J I N	15/6	28/1

ben des dritten Namens in die dritte Spalte. Wie lange der Buchstabe in der Tabelle bleibt, richtet sich nach der Zahl der Jahre, die der regierenden Zahl des Buchstabens entsprechen. Beispiel: C bleibt drei Jahre, I bleibt 9 Jahre, A bleibt 1 Jahr. Um das zu verstehen, müssen Sie den Zahlenwert aller Buchstaben kennen.

1	2	3	4	5	6	7	8	9
A	B	C	D	E	F	G	H	I
J	K	L	M	N	O	P	Q	R
S	T	U	V	W	X	Y	Z	

John Lennon wurde am 9. Oktober 1940 geboren.

4. Sehen Sie nach, wo der Buchstabe steht: in der ersten Zeile (Körper), in der zweiten Zeile (Gefühle) oder in der dritten Zeile (Spiritualität). Wer mehr als drei Namen hat, versammelt 2 oder mehr Buchstaben gleichzeitig, und die Schwingungen vermischen sich.

Körper	**Gefühle**	**Spiritualität**
J 10/1	W 23/5	L 12/3
O 15/6	I 9	E 5
H 8	N 14/5	N 14/5
N 14/5	S 19/1	N 14/5
	T 20/2	O 15/6
	O 15/6	N 14/5
	N 14/5	

In der Spalte „Transit“ finden Sie OWL in Zeile 2, und wenn Sie nach unten lesen, eine fortlaufende Liste der Buchstaben des Namens. Dem obigen Kasten entnehmen Sie:

J 10/1
O 15/6
H 8
N 14/5 usw.,

und so werden die Buchstaben in dieser Spalte ebenfalls aufgelistet. In der Spalte „John“ stehen ein J, 6 O, 8 H und 5 N. In der Spalte W stehen die Buchstaben so viele Jahre lang, wie die Zahlenwerte gültig sind. Daher erscheinen W 5-mal, I 9-mal, N 5-mal usw.

5. Addieren Sie die Buchstaben, um die persönliche Motivation für das Jahr zu bestimmen (O W L = 6+5+3 = 14/5).

6. Addieren Sie den Geburtstag und den Geburtsmonat und das laufende Jahr, um die persönliche Jahreszahl des Lebenspfades zu bestimmen (9+10+1941 = 16 = 7 im der Spalte „persönliche Jahreszahl“ für 1941).

Denken Sie immer daran, dass der ursprüngliche und vollständige Name den Lebenspfad prägt. Betrachten wir nun Lennons Numerogramm in Tabelle 9. Sein Leben ist gut dokumentiert, so dass das Numerogramm leicht zu analysieren ist.

Zwischen dem 1. und 2. Lebensjahr deutet die Konjunktion 14 und 16 auf familiäre Probleme hin (Pfad 24/6). Eine Weile später trennen sich die Eltern. Als Lennon etwa 3 war, erlebte er harte Zeiten (Konjunktion 16 und 18). Etwa im Alter von 5 und 6 Jahren symbolisieren die beiden Zweien Schwäche und Verletzlichkeit – sein Vater, der ihn später verließ, wollte ihn nach Neuseeland mitnehmen, wo er damals lebte. Lennon wollte aber bei Onkel und Tante bleiben. Schließlich ließ der Vater John bei der Mutter zurück und diese gab ihn zurück an Onkel und Tante. Die Konjunktion

22 zwischen 7 und 8 lässt auf große Einsicht, Erleuchtung oder ein großes, schmerzhaftes Hindernis schließen.

Zwischen 14 und 19 weist die Konjunktion der drei N auf plötzliche Ereignisse, abruptes Ende, Schocks, schnellen Wandel und Bewegung hin. Diese Konjunktion trifft bei 18 Jahren auf Essenz 16 und die persönliche Jahreszahl 24, was ein schwieriges Umfeld ankündigt. Damals starb seine Mutter, und dieses Erlebnis war für seine Entwicklung als Mann und Künstler äußerst wichtig. Natürlich steht nicht jede NN-Konjunktion bei anderen Menschen für eine ähnliche Situation. Die Symbole lassen sich unterschiedlich deuten; aber die bereits erwähnten Merkmale der N-Konjunktionen unterstreichen immer ein wichtiges Ereignis im Leben.

1960 symbolisiert das T Heirat, das J Verantwortung. 1961 deutet die O-Konjunktion auf Pflichten und gestörte Gefühle hin, während das T weiter auf die Ehe verweist. Wir sehen eine Konjunktion 14 und 18, was auf eine Ehe im Dunkeln schließen lässt, da die 14 die Zahl der Kunst ist, die Konjunktion von Polaritäten, während die 18 die Quelle und Richtung der Vereinigung angibt. Damals wurde Cynthia, Lennons Freundin schwanger. Beachten Sie, dass die 18 eine unerwartete Schwangerschaft und eine Abtreibung symbolisieren kann. Die beiden heirateten am 23. Februar 1962, und obwohl die Ehe nicht unglücklich war, kann man sie auch nicht als glücklich bezeichnen. Lennon sagte in Interviews, er und Cynthia hätten einander nichts zu sagen gehabt.

Bis etwa Oktober 1967 wurde die Konjunktion stärker, dann schwächer. Das spiegelt die Höhen und Tiefen der Ehe wider. Dennoch stand der Buchstabe O zwischen 1967 und 1968 mit keinem anderen in Konjunktion, was die Schwingung völlig verändert. Wenn ein Buchstabe mit einem anderen derselben Art in Konjunktion steht, liegt eine „gesättigte

Schwingung" vor, die bereit für eine Explosion oder Implosion ist. Das einzelne O weist also auf eine glückliche Begegnung oder eine Liebesaffäre hin – die andere Seite der Übertreibung.

Im Mai 1968 verbrachten Lennon und Yoko Ono ihre erste Nacht miteinander und nahmen ihr erstes Album auf: *Unfinished Music Number 1: Two Virgins*. Zwischen Oktober 1968 und Oktober 1969 weist eine weitere Konjunktion auf Tod oder Unfälle hin. Tatsächlich waren Lennon, Yoko Ono und ihre Söhne Julian und Kyoko im Juli 1969 in Schottland in einen Autounfall verwickelt, an dem Lennons Kurzsichtigkeit schuld war. Die selbe Konjunktion aus 16 und 19 erscheint etwa im Alter von 31 und 32 Jahren erneut. Ich weiß nicht, ob sie sich materialisiert hat; aber sie wurde wahrscheinlich abgeschwächt, weil es keinen Hinweis auf ähnliche Ereignisse in diesem Zeitraum gibt.

Zwischen 1973 und 1978 finden wir ein W in der Säule der Gefühle. Das ist meist ein Indiz für den Anfang und/oder das Ende einer Affäre. Genau zu Beginn des Transits dieses Buchstabens, im Oktober 1973, trennten sich Lennon und Yoko Ono für 18 Monate, und John hatte eine Affäre mit seiner Assistentin Mary Pang. In den letzten Monaten des Jahres 1976 sehen wir eine Konjunktion der 6. Sie symbolisiert das Gleiche wie eine OO-Konjunktion, nämlich Probleme mit der Liebe. Doch hier dürfte die Regel gelten, wonach eine Konjunktion sich nur selten jedes Mal manifestiert; denn Lennon erklärte, diese Zeit, in der er Sean aufzog, sei die glücklichste seines Lebens gewesen. Die dritte und letzte N-Konjunktion erscheint zwischen 1975 und 1980 und endet zwei Monate vor Lennons Ermordung. Sie sieht abgeschwächt aus, und es ist interessant, dass keines der Orakel, die Lennon und Yoko Ono benutzten, seinen Tod voraussagte.

Das einzige Zeichen für den bevorstehenden Tod war eine Intuition, die Yoko Ono hatte. Daraufhin riet sie Lennon, eine Reise zu machen, was sie schon einmal getan hatte. Sie bestand darauf, dass er mit Sean auf die Bermudas reiste; aber er weigerte sich. Yoko Ono erklärte, sie habe das alles erst nach der Tragödie begriffen. Ich vermute, dass nicht *alles* in den Zahlen steht oder dass wir nicht alles korrekt deuten können. Manche Melodien flüstern die Zahlen nur, so dass wir sie nicht hören; denn einerlei, wie groß der Geist ist, er kann das Unendliche nicht erfassen – wenn das möglich wäre, würde das Unendliche nicht mehr existieren. Ähnlich wie ein Hund Laute hören kann, die wir Menschen nicht wahrnehmen, ist uns absolute Einsicht in das Unendliche offenbar nicht gegeben. Jeder Geist und jedes Wesen ist ein Universum mit eigenen Gesetzen, Prinzipien und Mechanismen.

Tabelle 10 und Tabelle 11 helfen Ihnen, die Bedeutung der Konjunktionen von Buchstaben und Zahlen zu verstehen.

Tabelle 10: Die Bedeutung der Buchstaben im Numerogramm

A	Anfang, Erneuerung, Aktivität, Richtung, Befehl, Macht, Glanz. *Konjunktion:* Virus, Stress, zu viel Yang-Energie
B	Einheit, Gesellschaft, Teilung, Bruch, Empfindsamkeit, Langsamkeit. *Konjunktion:* Überempfindlichkeit, Trennung, Unfälle, Depression, Apathie
C	Freunde, Kreativität, neue Dinge oder Menschen, Spaß, Glück. *Konjunktion:* Kreativität, Sorgen, Auflösung, Verdünnung
D	Vernunft, Arbeit, Warten, Geduld, Starre, Methode. *Konjunktion:* Grenzen, Spannung, Unterdrückung, Heuchelei, Enttäuschung, Traditionalismus, Unbeweglichkeit, Halt
E	Bewegung, Wandel, Erneuerung, Sex, neue Erfahrungen, Abenteuer. *Konjunktion:* Nervenstörungen, Drogen, zu viel Sex, urologische oder gynäkologische Probleme, große Chance zur Verbesserung oder Verschlechterung – immer aber endgültig
F	Zuneigung, Familie, Gefühle, Verantwortung, Harmonie, Stabilität. *Konjunktion:* Gefühle, Leidenschaft, Ekstase und Liebe, aber all das unbeherrscht und destruktiv oder repressiv
G	Langsamkeit, Isolation, Überlegung, Meditation, Religion. *Konjunktion:* Fälschung, Betrug, das Gefühl, beobachtet zu werden, Rätsel, Ängstlichkeit, religiöser Schwindel
H	Vernunft, Geschäft, Geld, Justiz, Gesetz, Wohlstand. *Konjunktion:* Spannung, Unterdrückung, geschäftliche Chance für Flinke.
I	Aufregung, Sorgen, Aktivität, Gruppen, Reisen, Evolution, erwachsen werden. *Konjunktion:* emotionale Probleme, Aufdeckung verborgener Angelegenheiten, Menschenfreundlichkeit
J	Neubeginn, wiedererlangte Kraft, Erfahrung, Befehl, Wendepunkt. *Konjunktion:* zu viel Verantwortung, Verspannung, Überaktivität
K	Unkonventionell, Intuition, Dualität, Entdeckung, faszinierende Erlebnisse, Erneuerung. *Konjunktion:* Missverständnis, Fehler, Unsicherheit, Depression, Offenbarung, starke übersinnliche Kräfte, Probleme werden bewältigt
L	Weisheit, Wissen, Glück, Eile kann fatal sein. *Konjunktion:* Energieverschwendung, Ungerechtigkeit, Sorgen
M	Plötzliche Transformation, harte Arbeit, Ergebnisse, Tod (symbolisch oder tatsächlich). *Konjunktion:* zu viel Arbeit, radikaler Wandel, Tiefe, Tod

Tabelle 10: Die Bedeutung der Buchstaben im Numerogramm

N	Wandel, Reisen, Vergnügen, Abenteuer, Flinkheit, Originalität, Trägheit. *Konjunktion:* Unfälle, Ablenkung, Lebensgefahr wegen Impulsivität oder Inkonsequenz
O	Leidenschaft, Liebesaffäre, Söhne, Familie, Impuls, Romantik, Voreingenommenheit. *Konjunktion:* Herzkrankheit, blinde Leidenschaft, Explosion, Eifersucht, Aggression
P	Bruch, Sturz, Isolation, Innenschau, neues Ziel und neues Schicksal, Blockade, Behinderung, Spiritualität. *Konjunktion:* Isolation, Kontaktmangel, lange Krankheit, erzwungenes Nachdenken
Q	Geld, Gewinn, Erbschaft, Preis, Belohnung, Hoffnung. *Konjunktion:* Wohlstand; aber übertriebene Hoffnung kann zu Nachlässigkeit und daher Verletzungen führen
R	Nervosität, Schroffheit, Aggressivität, Sorge, Sehnsucht, Wendigkeit, Verwirrung. *Konjunktion:* Unfälle, Drogen, Illusion, Täuschung, Vergiftung, Betrug, Fehler, Gefahr, Heuchelei
S	Viel Kraft, Angeberei, Ehrgeiz, Ich, Kämpfe, körperliche Aktivität, Fähigkeit. *Konjunktion:* Depression, Einsamkeit, wenig Macht
T	Paare, Partner, wieder ein gutes Gewissen, Selbstkritik, Gesellschaft, Sonderbarkeit, Transzendenz, ungewöhnlich. *Konjunktion:* Schuldgefühle, Gewissensbisse, Ungerechtigkeit, Plage
U	Fülle, Expansion, Weite, Größenwahn, Langeweile. *Konjunktion:* Ende eines Zyklus, Verlust und Gewinn, Höhen und Tiefen, Instabilität
V	Geben, Spenden, Arbeit, Ehrgeiz, Entwicklung. *Konjunktion:* Vernichtung des Ichs, blinder Ehrgeiz, Schmerz, Verluste
W	Wandel, Transformation, Abenteuer, Kühnheit, Spaß, Reisen. *Konjunktion:* plötzlicher Wandel, Überraschungen, unvorhersehbare Ereignisse, gute Nachrichten
X	Besitzgier erstickt eine Beziehung, Eifersucht. *Konjunktion:* eine falsche Einstellung macht unglücklich
Y	Vaterschaft, Mutterschaft, Freundschaft, Intuition, Intellektualität, Teilung, Dualität, Konflikt, Innenschau. *Konjunktion:* Probleme mit Söhnen, Drogen, schlechtes Gewissen, spirituelle Probleme
Z	Alles oder nichts in Geldangelegenheiten, materieller Besitz, Gerechtigkeit. Gesundheitsprobleme lassen sich mit Logik lösen. *Konjunktion:* Depression, Spannung, platonische Leidenschaft, Tod, Logik kann Leiden beenden.

Tabelle 11: Zahlenkonjunktionen

ZAHL	EIGENSCHAFTEN
1/1	nutzlose Überaktivität, Machtkampf, Exzesse, autoritäres Gehabe, unflexibel
1/2	Interessenkonflikt, aber auch komplementäre Gegensätze
1/3	Harmonie, Übereinstimmung, Erfolg, Pragmatismus, Kreativität
1/4	Missklang zwischen Tempo und Langsamkeit. Aber wenn es in der Beziehung einen Leiter und einen Geleiteten gibt, entsteht Harmonie.
1/5	Verwirklichung, Dynamik, Wandlungsfähigkeit
1/6	Harmonie durch Übernahme von Verantwortung, Konflikt zwischen Logik und Ehrgeiz
1/7	Euphorie, allmählicher Wandel, Vernunft. Die Zahlen ergänzen einander, obwohl die 1 für die methodische 7 zu schnell ist.
1/8	einander ergänzende Schwingungen, Macht, harter Kampf, Rivalität
1/9	Spannung, beherrschte und gelenkte Angst kann kreativ sein, Zusammenarbeit, Gleichgewicht
1/11	starke Kraft, Charisma, Entwicklung, Rivalität, Zusammenarbeit, sofern das Ich sich nicht durchsetzt.
1/22	erwachsen werden, Intelligenz, Führung, Großzügigkeit
2/2	Zerbrechlichkeit, große Empfindsamkeit, Passivität, Feigheit, Trägheit
2/3	teilweise verträglich, obwohl die 2 für die eilige 3 zu langsam ist
2/4	Langsamkeit, Stabilität, langsame, aber sichere Entwicklung
2/5	Sinnlichkeit, Leidenschaft, Ergänzung. Werden Sie nicht zum Sklaven Ihres Verlangens!
2/6	Güte, Kommunikation, Harmonie, unpraktisch
2/7	Mystik, Forschung, übersinnlich, subtil, ernst
2/8	Ehrgeiz und Gefühle im Gleichgewicht
2/9	Gefühlsüberschwang, Mangel an Selbstbeherrschung
2/11	Übersinnliche Fähigkeiten verwandeln Intuition in fast permanente transzendente Vision

Tabelle 11: Zahlenkonjunktionen (Forts.)

ZAHL	EIGENSCHAFTEN
2/22	großes Potenzial, übersinnliche Energie, humanitäre Beziehung, Passivität
3/3	viel Fantasie, aber wenig Erfolg
3/4	Ideen werden verwirklicht
3/5	Übereinstimmung, Lebhaftigkeit, Jugend, Begeisterung
3/6	Harmonie, Güte, Gleichgewicht, Trost
3/7	schwankt zwischen Geselligkeit und Innenschau
3/8	Pragmatismus, Kreativität, Verwirklichung, Arbeit, Glaubwürdigkeit
3/9	Lebhaftigkeit, Ausdruck, Dynamik, Gleichgewicht
3/11	Erregung, Kühnheit, offen für Wissen, Wahrnehmung, große Wende
3/22	einflussreiche Freunde, Gunst, Gewinn
4/4	viel zu tun, Mangel an Fantasie, Sterilität, Anstrengung, Spannung, Unterdrückung, Mangel an Ehrgeiz und Motivation
4/5	Interessenkonflikte fördern Wachstum, Schock
4/6	Pragmatismus, Güte, Stabilität, Verständnis
4/7	vernünftig, stabil, schlechter Humor, mürrisch, geizig
4/8	Trockenheit, Starre, Materialismus, gutes Geschäft
4/9	Vernunft und Leidenschaft, Begrenztheit und Expansion
4/11	gegensätzliche Schwingungen; aber nur die 4 kann die 11 objektiver machen. Die 11 kann die 4 schwerfälliger machen. Schwierige Kommunikation!
4/22	Lehrer und Schüler, eine komplementäre und harmonische Verbindung
5/5	missbrauchte Freiheit, Impulsivität, Redseligkeit, Lernen aus Abenteuern und Risiken
5/6	gegensätzliche Temperamente, Schock, Mangel an Verständnis, Höhen und Tiefen, Untreue
5/7	Furchtlosigkeit, philosophische Analyse, Theorie und Praxis, etwas Verwirrung
5/8	Impulsivität und Vernunft, Anziehung zwischen Gegensätzen
5/9	gegensätzliche Energien, positiver Wandel, Gleichgewicht, Erfolg

Tabelle 11: Zahlenkonjunktionen (Forts.)

ZAHL	EIGENSCHAFTEN
5/11	viel Originalität und Mut, manchmal Sturheit
5/22	Kühnheit, Evolution, Fortschritt, spirituelle Zähmung
6/6	zu emotional, verletzlich, Verzögerungen, etwas Familiäres
6/7	Einsamkeit sogar in Gesellschaft, Verstand kontra Herz
6/8	Unterdrückung, Furcht, Unsicherheit, Materie kontra Gefühl
6/9	Kreativität, Gleichgewicht, Ziel, Aktivität
6/11	schwierige Kommunikation
6/22	Geben, Spenden, Liebe, öffentlicher Dienst
7/7	Intelligenz, Tiefe, Langsamkeit, Kritik, schlechte Laune, Spannungen im Gehirn
7/8	Widerspruch, Dualismus, Verwirklichung
7/9	nicht konstant, nicht vorhersehbar
7/11	großes spirituelles Potenzial, philosophisch, intellektuell, wenig Sinn für Konventionen, gesellschaftlich isoliert
7/22	Kopf im Himmel, Füße auf dem Boden
8/8	Spannung, Selbstvernichtung, Produktivität, Materialismus, Gier, juristische Probleme
8/9	Gleichgewicht zwischen Geist und Materie
8/11	kann unkonventionell sein, ohne anzuecken; komplementär
8/22	vollkommener Gleichklang, Fülle, großer Wandel, Chance
9/9	zu viel Energie, schwierige Kommunikation, Tempo, Unfälle, Spannung
9/11	Wahrnehmung, Evolution, erwachsen werden, Konventionen brechen, Revolutionär
9/22	Politik, Gruppe, Partei, Religion, Transzendenz oder Torheit
11/11	Erleuchtung oder Verrücktheit, Transzendenz oder Abstieg
11/22	Vervollkommnung, Intuition, Objektivität, Anpassung
22/22	alles oder nichts

Persönliche Jahres- und Monatszahlen

Wie Sie bereits wissen, symbolisiert die persönliche Jahreszahl die typische Schwingung eines Jahres, und zwar der Periode zwischen einem Geburtstag und dem Nächsten (nicht zwischen dem 1. Januar und dem 31. Dezember, es sei denn, Sie wurden an einem dieser Tage geboren). Es ist sehr hilfreich und wichtig, die persönlichen Zahlen des Jahres und des Monats zu kennen, weil sie eine genaue Deutung ermöglichen.

Die Berechnung ist einfach: Sie erhalten die persönliche Jahreszahl, wenn Sie den Tag und den Monat der Geburt zu dem Jahr addieren, das Sie untersuchen. Um die persönliche Monatszahl zu erhalten, addieren Sie die persönliche Jahreszahl zu dem Monat, den Sie erforschen. Die Angaben über Konjunktionen zwischen Zahlen gelten auch hier; aber das Jahr ist wichtiger als der Monat, und die Schwingung des Jahres ist gewichtiger als die des Monats.

Angenommen, Sie wurden am 15. Juni 1975 geboren und wollen mehr über das Jahr 2005 erfahren. Um Ihre persönliche Jahreszahl zu berechnen, addieren Sie 2005 + 6+15 und erhalten 2026/10/1. Wir addieren nie alle Zahlen nacheinander, sondern nehmen die Zahlen des Jahres, des Monats und des Tages immer einzeln, um ein korrektes Ergebnis zu bekommen. Wie Sie sehen, ist die 1 nicht aus der 19 oder 28 hervorgegangen, sondern aus der 10. Auch Zahlen mit vier Ziffern wie 2026 haben ihre eigene Bedeutung.[36]

---

36 Mein Buch *The Book of Numbers* erklärt diese Bedeutungen genau.

Nachdem Sie die Bedeutung der 1 unter „Persönliche Jahres- und Monatszahlen“ (siehe unten) nachgeschlagen haben, erfahren Sie mehr über den August 2005, wenn Sie 2026 (persönliche Jahreszahl) und 8 (Zahl für August) addieren. Sie erhalten 2034/9, ihre persönliche Monatszahl für den August 2005. Schauen Sie nun die Bedeutung der 9 unter „Persönliche Jahres- und Monatszahlen“ (Seite 123/124) nach. So sind Sie auf Situationen vorbereitet, die durch die Schwingungen beider Zahlen hervorgerufen werden.

Die Tabelle deutet an, dass 2005 für Sie ein Jahr des Neubeginns sein wird. Der August ist ein sehr wichtiger Monat, weil Sie wissen werden, wo Sie auf dem falschen Weg sind und ob Ihre Pläne zweckmäßig sind. Der August wird kein leichter Monat sein; aber wenn Sie gut vorbereitet sind, dürfte es einige erfreuliche Ereignisse geben – nicht durch Zufall, sondern weil Sie hart gearbeitet haben, um gewappnet zu sein.

Persönliche Jahres- und Monatszahlen

1 ___ Jetzt machen Sie alles richtig und können führen. Unabhängigkeit. Es ist Zeit, erwachsen und ehrgeizig zu werden. Fangen Sie jetzt an, um später die Früchte zu ernten. Seien Sie aktiv, setzen Sie Ziele, und dulden Sie dabei keine Einmischung. Verlassen Sie sich nicht auf Hilfe. Sie haben nur Erfolg, wenn Sie selbst tun, was zu tun ist. Bleiben Sie bei Ihrer Meinung, aber seien Sie nicht arrogant.

2 ___ Zeit der Reifung. Eile wäre falsch; lassen Sie den Dingen ihren Lauf, und versuchen Sie nicht ständig, einzugreifen. Geduld ist notwendig. Geben Sie sich keine Blöße. In

diesem Jahr oder Monat fühlen Sie sich verwundbar, weil diese Zahl sehr empfindsam ist. Gute Liebesaffären oder Freundschaften sind in dieser Phase häufig. Seien Sie nicht zu abhängig von anderen.

3 ___ Eine positive Phase. Die Investitionen der **1** zahlen sich allmählich aus. Spaß, Feste, Optimismus, Glück. Lassen Sie sich aber nicht zu sehr ablenken. Selbstausdruck ist wichtig. Geben Sie Ihre Ziele und Absichten bekannt, aber sagen Sie den falschen Leuten nicht zu viel. Besonders günstige Phase für Künstler und Kinder.

4 ___ Organisation, Arbeit, Grenzen, Einschränkungen. Manchmal eine langweilige Phase, denn Sie müssen festigen, was die **1** begonnen hat. Es gibt viel zu tun, und nicht alles ist angenehm – aber notwendig. Bringen Sie das Haus in Ordnung, ordnen Sie Papiere, arbeiten Sie hart. Ärger mit Behörden und Erschöpfung sind möglich; aber Sie schaffen ja etwas. Das ist eine gute Prüfung der Willenskraft, Geduld und Entschlossenheit. Es geht langsam, aber die Ergebnisse sind wahrscheinlich gut.

5 ___ Wandel, Instabilität, Experimente. Ändern Sie Pläne, ruhen Sie sich aus, lassen Sie los. Der Sexualtrieb ist so stark wie in der Jugend – günstig für ein Abenteuer, das gut ausgehen kann. Wandel, Bewegung und Reisen sind notwendig. Seien Sie nicht müßig oder oberflächlich, und vermeiden Sie Exzesse mit Drogen oder Essen. Loslassen heißt nicht, inkonsequent sein. Schwimmen Sie mit dem Strom, machen Sie sich keine Sorgen über Ihr Schicksal. Der größte Fehler wäre Starre, denn die 5 braucht Bewegung.

6 ___ Harmonie, Frieden, Ruhe der Gefühle. Liebe, Leidenschaft, Familie, Ehe, Geburt. Tragen Sie die Verantwortung, welche die 6 mit sich bringt, nicht aber die Verantwortung anderer. Versuchen Sie nicht, die Welt zu verbessern. Jetzt können Sie ein Haus kaufen oder (um)bauen. Mischen Sie sich nicht bei anderen ein; das könnte Ärger geben. Seien Sie nicht aufdringlich oder eifersüchtig, sondern versöhnlich. Gute Phase für Künstler.

7 ___ Nachdenken, Meditation, Forschung, Spiritualität. Sie wollen allein sein und Aufregung meiden. Günstig für Selbsterkenntnis, sofern Sie keine Angst vor Ihrem Spiegelbild mit seinen positiven und negativen Elementen haben. Eine Neigung zu Melancholie, Traurigkeit, Depression lässt sich verhindern, wenn Sie sich zusammennehmen. Günstig für Forschung und Studium. Der Intellekt arbeitet besonders gut. Skepsis und Zynismus werden jetzt stärker. Eine chronische Krankheit verschlimmert sich – Zeit für eine Untersuchung. Investieren Sie nicht zu viel Geld; seien Sie umsichtig und zurückhaltend, aber nicht griesgrämig. Und vor allem: lernen Sie.

8 ___ Alles oder nichts, besonders wenn es um Geld, Besitz und das Gesetz geht. Juristische Probleme könnten jetzt gelöst werden. Ob die Lösung gut ist, hängt von den vorherigen Aspekten des Numerogramms und von der Gesamtsituation ab. Günstige Zeit für Investitionen und Geschäftserweiterungen. Bauen Sie aber mehr auf Vernunft als auf Intuition, denn die **8** gleicht einem Loch, das Gedanken anzieht. Bleiben Sie ruhig; Hast kann alles verderben. Warten Sie auf viel Arbeit, seien Sie dynamisch und bereit, das Gute und Schlechte, das Sie getan haben, zurück zu bekommen – denn dies ist die Phase des Karmas.

9 ___ Ende, Abschluss. Alles, was die **1** begonnen hat, endet hier. Es geht nicht um Tod, sondern um den Abschluss eines

Zyklus. Erregung, Ungeduld und Schmerzen sind häufig, und sie können große Erfolge herbeiführen. Stecken Sie aber nicht andere mit Ihrem Stress an; das wäre unfair. Günstig wie die **5** für Reisen und Bewegung. Halten Sie Gefühle im Zaum. Denken Sie über die letzten 9 Jahre nach, und planen Sie die Nächsten.

11 __ Verborgenes wird offenbar. Inspiration, Intuition. Das Ungewöhnliche wird oft gewöhnlich. Die **11** ersetzt die **2** und ist eine Doppel-Eins, stärker und spezieller. Sie neigen dazu, Regeln zu verletzen, sogar Ihre eigenen. Seien Sie radikal, wenn Sie genau wissen, was Sie tun; andernfalls können verborgene Energien Sie steuern. Okkultismus, Magie, Religion.

22 __ Alles wird größer oder zu groß. Sie neigen zu Größenwahn, haben aber viel erreicht. Gutes Urteilsvermögen ist wichtig, um das Gleichgewicht zwischen Träumen und praktischen Anstrengungen zu bewahren. Dies ist die Zeit des großen Werkes.

Abeschließende Bemerkungen

Jetzt verfügen Sie über genügend Wissen, um Ihr eigenes Numerogramm zu berechnen. Wenn Sie es für sich selbst oder andere deuten, sollten Sie aber kritisch bleiben, sich nicht selbst bestrafen und immer möglichst unvoreingenommen sein. Was für Sie gut ist, muss für andere nicht unbedingt gut sein. Erlauben Sie dem Numerogramm, Ihnen den Weg zu zeigen, vermeiden Sie Urteile und Vorurteile.

Ich hoffe, dass Ihre Initiation in die Zahlen für Sie zu einem konstruktiven Erlebnis wird!

Literatur

Bhagavadgita. Es gibt viele Übersetzungen. Ich habe *The Bhagavad-Gita* von Antonio de Nicolás benutzt (York Beach: Nicolas-Hays, 1990).

The New English Bible with Apocrypha. New York: Oxford University Press, 1971

Rolling Stone (Zeitschrift), *The Ballad of John & Yoko*. New York, 1981

Blanchefort, Jean de, *Guia da Magia*. Sao Paulo: Maltese, 1992

Blavatsky, Helena, *The Voice of Silence*. Santa Barbara: Concord Grove, 1989

Budge, E. A. Wallis, *Egyptian Magic*. London: Routledge & Kegan Paul, 1899; Neudruck New York: Dover, 1971

Camaisar, Rosabis (Übers.), *O Caibalion*. Sao Paulo: Pensamento, 1978

Cavendish, Richard (Hrsg.), *Encyclopedia of the Unexplained*. New York: Viking/Penguin, 1990

Chaboche, François-Xavier, *Vida e Mistério dos Números*. Sao Paulo: Hemus, 1979

Cissay, Monique, *Numerologia: A Importância do Nome no Seu Destino*. Sao Paulo: Pensamento, 1984

Crowley, Aleister, *The Book of Thoth*. York Beach: Samuel Weiser, 1969

Crowley, Aleister, *The Law for All*. Phoenix: New Falcon, 1993

Dethlefsen, Thorwald, *Challenge of Fate: Ancient Wisdom as the Path to Human Wholeness*. London: Conventure, 1984

Dickerman, Alexandra Collins, *Following Your Path: Using Myths, Symbols, and Images*. Los Angeles: J. P. Tarcher, 1992

Dodge, Ellin, und Carol Ann Schuler, *The Vibes Book*. New York: Samuel Weiser, 1979

Fortune, Dion, *Applied Magic*. York Beach: Samuel Weiser, 1969, 2000

Fortune, Dion, *The Mystical Qabalah*. York Beach: Samuel Weiser, 1984, revidierte Ausgabe 2000

Hitchcock, Helyn, *Helping Yourself with Numerology*. New York: Parker Publishing, 1988

Javane, Faith, und Dusty Bunker, *Numerology and the Divine Triangle*. Atglen: Whitford Press, 1979

Koltuv, Barbara Black, *The Book of Lilith*. York Beach: Nicolas-Hays, 1986

Lao Tzu, *The Tao Te Ching*. Es gibt viele Versionen und Übersetzungen. Ich habe Folgende benutzt: *Lao Tzu: Tao Te Ching*, übers. v. John C. H. Wu, hrsg. v. Paul K. T. Sih, New York: St. John's University Press, 1961; *Lao Tsu: Tao Te Ching*, übers. v. Gia-Fu Feng und Jane English, London: Wildwood House, 1973; *Lao Tzu: Tao Te Ching*, übers. v. Ch'u Ta-Kao, London: Allen & Unwin, 1937

Levi, Eliphas, *The Great Secret*. Frankreich 1861; York Beach: Samuel Weiser, 1976, 2000

Levi, Eliphas, *History of Magic*. Frankreich 1913; York Beach: Samuel Weiser, 1970, 1999

Levi, Eliphas, *Key of the Mysteries*. London: Rider, 1959; New York: Samuel Weiser, 1971

Levi, Eliphas, *Transcendental Magic*. York Beach: Samuel Weiser, 1968

Lewis, Ralph M., *Behold the Sign: Ancient Symbolism*. San Jose: AMORC, 1944

Lorenz, Francisco Valdomiro, *Cabala: A Tradição Esotêrica de Ocidente*. Sao Paulo: Pensamento, 1912

Louvigny, Philippe de, *Guia Completo de Numerologia*. Lissabon: Edições 70, 1991

Malagolli, Marco Antonio, *John Lennon*. Sao Paulo: Editora Três, 1981

Phelps, Ruth, *The Universe of Numbers*. San Jose: AMORC, 1984

Piobb, P.-V., *Formulário de Alta Magia*. Rio de Janeiro: Francisco Alves Editora, 1982

Sabellicus, Jorg, *A Magia dos Números*. Lissabon: Edições 70, 1986

Westcott, W. Wynn, Numbers: *Their Occult Power and Mystic Virtues*. London: Theosophical Publishing Society, 1902, und in *The Collectanea Hermetica*, York Beach: Samuel Weiser, 1988

Ziegler, Gerd, *Tarot – Mirror of the Soul*. York Beach: Samuel Weiser, 1988

Register

Über den Autor

Johann Heyss ist Schriftsteller und Musiker. Er lebt in Rio de Janeiro, Brasilien. Schon als Heranwachsender studierte er die Esoterik, und sein Interesse an Zahlen veranlasste ihn, über die populären Methoden hinauszublicken und ein neues System zu entwickeln, das viele Traditionen vereinigt. Er ermutigt die Menschen, ihre Zahlen zu deuten, und lehrt seine Methode in Seminaren und privaten Kursen. Außerdem arbeitet er weiter als Sänger und Komponist und ist in vielen brasilianischen Bundesstaaten und in New York aufgetreten, wo er 1998 lebte. Er hat zwei CDs produziert: *Look Carefully* und *AL A.H.A.* Sie können ihm in englischer oder portugiesischer Sprache per E-Mail (heyss@yahoo.com) schreiben.

Weitere Informationen über den Autor
und aktuelle Links zum Thema Numerologie
unter:
www.windpferd.de

Werner Giessing

Das richtige Pendeln

Das komplette Pendel-Handbuch. Formen, Materialien, Pendeltechniken, Rituale, Insidertips und Profiwissen

Dieses Buch zeigt alles in Farbe! Über 50 verschiedene Pendel und die wichtigsten Pendeltafeln: Angefangen mit der Wahl des richtigen Pendels bis hin zum richtigen Pendeln, Material, Form, Größe, Handhaltung, Fragestellung. Es hilft häufige Anfängerfehler zu vermeiden, und hält wichtige Insider-Tips von Pendelprofis bereit. Hervorragend illustriert, werden Pendelformen, Materialien, Hand- und Körperhaltungen gezeigt und Pendeltafeln bereitgehalten, mit denen man sofort erste Erfahrungen machen kann. Mit diesem Buch erfährt man alles rund um das Pendel: Praxis, Hintergründe, Vorteile, Gefahren – damit das eigene Pendel zu einem treuen Begleiter wird, der immer dann, wenn er gebraucht wird, mit der richtigen Antwort zur Stelle ist.

80 Seiten · 3-89385-328-6
www.windpferd.com

René van Osten

I Ging – Das Buch vom Leben

Wegweiser zu einem Leben in Einklang mit den sichtbaren und unsichtbaren Kräften

In diesem Buch werden die die Türen zum Verständnis der 64 Hexagramme geöffnet. Das Kernstück bilden die Texte und Kommentare zu den Hexagrammen. Der von René van Osten gewählte Stil folgt der Tradition tiefer Weisheit und baut zugleich sprachliche Brücken zum 21sten Jahrhundert.

Die dem I Ging innewohnende Welt- und Weitsicht ist von unermeßlicher Tiefe. René van Osten reicht mit diesem Buch all jenen, die den Sprung in höhere Erkenntnisebenen wagen wollen, eine hilfreiche Hand.

Das I Ging kann für sich beanspruchen, in seiner Kraft und Weisheit ebenso bemerkenswert zu sein, wie beispielsweise die Bibel. René van Osten gehört zu den wenigen Menschen, die heute die „Hohe Schule des I Ging" lehren.

ca. 500 Seiten, ISBN 3-89385-336-7
www.windpferd.com